国学经典读本丛书

坛 经

〔唐〕慧 能 著

魏建中 译注

山东画报出版社
济 南

图书在版编目（CIP）数据

坛经 /（唐）慧能著；魏建中译注. —济南：山东画报出版社，2012.6（2024.5重印）
（国学经典读本丛书）
ISBN 978-7-5474-0337-2

Ⅰ.①坛… Ⅱ.①慧… ②魏… Ⅲ.①禅宗-佛经-中国-唐代②坛经-译文③坛经-注释 Ⅳ.①B946.5

中国版本图书馆CIP数据核字（2011）第062620号

TANJING
坛经
〔唐〕慧 能 著　　魏建中 译注

丛书策划　尹奎友
责任编辑　尹奎友　赵祥斌
装帧设计　王　芳
封面设计　博文斯创

主管单位　山东出版传媒股份有限公司
出版发行　山東畫報出版社
社　　址　济南市市中区舜耕路 517 号　邮编 250003
电　　话　总编室（0531）82098472
　　　　　市场部（0531）82098479
网　　址　http://www.hbcbs.com.cn
电子信箱　hbcb@sdpress.com.cn
印　　刷　金世嘉元（唐山）印务有限公司
规　　格　140 毫米 ×203 毫米　32 开
　　　　　5.625 印张　75 千字
版　　次　2012 年 6 月第 1 版
印　　次　2024 年 5 月第 2 次印刷
书　　号　ISBN 978-7-5474-0337-2
定　　价　27.00 元

出版说明

国学原指国家设立的学府，如小学、太学、国子监等。《周礼·春官·乐师》："乐师掌国学之政，以教国子小舞。"孙诒让《周礼正义》："国学者，在国城中王宫左之小学也。"由此可知，在周代，国学是国家所办的一种贵族子弟学校。到了汉代，在京师设太学，为中央最高学府。隋代以后的历朝历代都设国子监，而国子监内同时也设太学。

国学作为学问一说，始于20世纪初期西学东渐、文化转型的历史背景下。1902年秋，梁启超写信给黄遵宪提议创办《国学报》，"以保国粹为主义"，使用了"国学"一词。1906年9月，章太炎在东京发起国学讲习会，不久之后又在此基础上成立了国学振起社。到"五四"爱国运动前后，北京大学文科研究所设立了国学门，出版《国学季刊》；清华大学成立了国学研究院，编印《国学论丛》；章太炎在上海等地演讲国学，出版了《国学概论》，国学研究之风大盛。至此，"国学"一词完成了由"国家设立的学府"向"我国固有的文化学术"意义的转变。

20世纪90年代以来，国学再度复兴，国学热一浪高过一浪。民间出现了以传授国学为主的私塾和国学馆，有的中小学校开设了国学课，北京大学、清华大学、中国人民大学等诸多大学相继创办了国学研究机构。这些举措，既带动了系统而精深的专业化国学研究，也带动了面向社会大众的常识性国学教育。

国学作为我国固有的文化学术，其主要内容是什么呢？1906年，章太炎在日本主编同盟会的机关报《民报》，刊登《国学振起社广告》，圈定国学讲授内容为："一、诸子学；二、文史学；三、制度学；四、内典学；五、宋明理学；六、中国历史。"（按"内典"即佛典）按照传统的分类，国学包括经、史、子、集四部，以经部、子部为重，尤倾向于经部。现在我们通常所说的国学，是指以先秦经典及诸子学为根基，涵盖了两汉经学、魏晋玄学、宋明理学和同时期的汉赋、六朝骈文、唐诗、宋词、元曲与明清小说并历代史学等在内的一套完整的文化学术体系。

要学习国学、研究国学，首先要做的是回归国学经典文本的阅读。近代以来，胡适、梁启超、顾颉刚、鲁迅、汪辟疆、朱自清、钱穆等著名学者都曾为国人开列过国学必读书目。20世纪90年代，北京大学、清华大学的学者、教授们也为学生开列过应读书目。我们此次策划出版"国学经典读本丛书"，就充分参考了以上大家、学者的意见，推出了《周易》《诗经》《大学·中庸》《左传》《论语》《孟子》《国语》《战国策》《史记》《汉书》《后汉书》《三国志》《老子》《庄子》《韩非子》《列子》《荀子》《孙子兵法·孙膑兵法》

《世说新语》《颜氏家训》《金刚经·心经》《坛经》《百喻经》《近思录》《传习录》《楚辞》《古文观止》《唐诗三百首》《宋词三百首》《元曲三百首》等三十种，呈现给广大读者。本丛书充分借鉴前人的研究成果，对所选国学经典进行注释、翻译，对难字加以注音，有的还在篇前加以导读性质的题解。其中，古文辞类各书采用原文加注释和译文的形式，诗词类各书采用原文加注释、赏析和辑评的形式；对于大部头的原著采用选编的方式，选择其重要且可读性强的篇章。丛书追求注释简明，译文通达。本丛书的编辑出版，旨在为国学爱好者提供一套浅近晓畅的国学读本——通过难字注音，使读者诵读经典顺畅无碍；通过题解、注释、翻译和赏析，令读者领悟国学经典的内在魅力，彰显国学经典的现代价值。

山东画报出版社

2012年3月

前　言

《坛经》，中国佛教禅宗典籍，全称《六祖大师法宝坛经》，又称《法宝坛经》，《坛经》是其简称。由禅宗第六代祖师慧能于韶州大梵寺讲述，其弟子法海集录，元代宗宝编。此书被收于《大正藏》第四十八卷，其敦煌写本也被收于同册。在中国僧人所撰述的佛典中，《坛经》是绝无仅有的一本被称作是“经”的典籍。《坛经》之名中的“坛”原来指出家受戒的戒坛，在这里是“法坛”的意思，而“经”则表明慧能门徒“视能如佛”，慧能的法语如同佛经，因此名为《坛经》。由此可见《坛经》在中国佛教史上的地位之高，慧能禅宗影响之大。

一　《坛经》的作者

慧能（638—713），唐代高僧，被称为中国佛教禅宗第六代祖师，是中国佛教史上一位富于传奇色彩与改革精神的人物。著名历史学家、国学大师陈寅恪先生曾称赞六祖：“特提出直指人心、见性成佛之旨，一扫僧徒繁琐章句之学，摧陷廓清，发聋振聩，固我国佛教史上一大事也！”可见慧能的贡献之大。

慧能俗姓卢，祖籍范阳（今河北涿州）。其父原本为官，后流放岭南新州（今广东新兴）。幼年时期，父亡随母移居南海，艰辛贫困，以卖柴为生。二十四岁时，得人资助，北上湖北黄梅参学。唐龙朔元年（661）在黄梅谒见禅宗第五代祖师弘忍大师，后得弘忍大师传授衣钵，继承东山法门，弘扬佛法，创立了中国佛教史上影响最大的禅宗——“南宗”，成为禅宗第六祖。

唐宪宗于元和十一年（816）下诏追谥慧能为“大鉴禅师”；北宋太平兴国元年（976），宋太宗加谥慧能为“大鉴真空禅师”；宋仁宗时，慧能又被追谥为“大鉴真空普觉禅师”。后来，宋神宗又追谥慧能为“大鉴真空普觉圆明禅师”。

慧能在中国禅宗的发展史上是一位划时代的人物。其禅学思想对后世影响非常深远，是中国传统文化的重要组成部分。慧能作为在我国历史上有重大影响的思想家之一，其思想包含着的哲理和智慧，至今仍给人以有益的启迪，并越来越受到广泛的关注。

毛泽东主席与身边的工作人员谈话时曾说道：“慧能主张佛性人人皆有，创顿悟成佛说。一方面使繁琐的佛教简单化，一方面使印度传入的佛教中国化。因此，他被视为禅宗的真正创始人，亦是真正的中国佛教的始祖。”慧能否定传统偶像和陈规，勇于创新，并把外来的宗教中国化，使之符合中国国情。在英国伦敦大不列颠国家图书馆广场，矗立着世界十大思想家的塑像，其中就有代表东方思想的先哲孔子、老子和慧能，并列为“东方三圣人”。由此可见，无论是从政治领袖、西方学界、中国学者，还是从世界哲学文化结构、宗教文化结构、中华民族文化结构等不同层面看，慧能在中国和世界思想文化史上的崇高地位和他对思想文化发展所作的杰出贡献，都是举世公认的。

二　《坛经》的版本

《坛经》一书，自问世以来，由于其通俗易懂而得以风行天下，在广为流传的过程中出现了许多不同的版本。现有明清诸藏本、房山石经本及流通本等。1976 年日本影印《六祖坛经诸本集成》，汇集各种版本《坛经》十一种。

《坛经》的版本大致可分五种类型。一、敦煌手抄本。此种版本是现存最早的《坛经》版本，不分品目，题作“《南宗顿教最上大乘摩诃般若波罗蜜经六祖慧能大师于韶州大梵寺施法坛经》一卷，兼受无相戒弘法弟子法海集记”，经尾题为“《南宗顿教最上大乘坛经法》一卷”。一般以此本为最古，后称此本为敦煌本。二、惠昕本。分上下两卷共十一门，约一万四千余字。书前有惠昕序，系根据繁本《坛经》删定而成。后传入日本，又有金山天宁寺本及大乘寺本，题作《韶州曹溪山六祖大师坛经》，卷数品门均同，文字稍异，书前无惠昕序，有北宋政和六年（1116）比丘存中的序文。三、契嵩本。全称《六祖大师法宝坛经曹溪原本》，共计两万余字，由宋代高僧契嵩改编。四、德异本和曹溪原本。题作《六祖大师法宝坛经》，前有德异《略序》，记述六祖身世，正文分十品。在元代末年，僧人德异声称自己发现了《坛经》古本并着手刊印。五、宗宝本。宗宝本是明代以后唯一流行的版本，共计两万多字。题作《六祖大师法宝坛经》，亦分十品。由元代僧人宗宝改编，具有品目整齐、语言流畅、通俗易懂、文学色彩浓、可读性强等优点，因此导致后来受到人们的欢迎，流行天下，现在已经成为我们普遍认可的《坛经》版本了。

千余年来，《坛经》被公认为慧能所说、法海所记。然而，在20世纪初于敦煌文献中发现了慧能的《坛经》及其弟子神会的语录后，这一公认开始受到研究者的质疑，同时这也推动了《坛经》研究的发展。1930年以后，胡适据敦煌文献，先后发表《菏泽大师神会传》《坛经考之一——跋曹溪大师别传》《坛经考之二——记北宋本的六祖坛经》，认为《坛经》的作者不是慧能而是神会。不过，他的这一说法没有获得学界的广泛认同。1935年日本宇井伯寿著《第二禅宗史研究》，就不同意胡适之说。之后，1971年台湾的印顺著《中国禅宗史》及《神会与坛经》，也反驳了胡适的主张。近年来，中国大多数学者都认为《坛经》的基本内容代表了慧能思想，同时其中也有后人增益的成分。注释有丁福保《六祖坛经笺注》、郭朋《坛经校释》、弘学《六祖坛经浅释》等以及港台学人的一些著作。

三　《坛经》的内容与影响及其现代价值

《坛经》记载慧能一生得法传宗的事迹和启导门徒的言教，内容丰富，文字通俗，是研究禅宗思想渊源的重要依据。其中心思想是“见性成佛”，即所谓“唯传见性法，出世破邪宗”。性，指众生本具的佛性，即“菩提自性，本来清净，但用此心，直了成佛”及“人虽有南北，佛性本无南北”。这一思想与《涅槃经》“一切众生悉有佛性”之说一脉相承。其教导禅者修禅的实践方法是“无念为宗，无相为体，无住为本”。无念即“于诸境上心不染”；无相为体，即“于相而离相”，即一切相又超越一切相；无住为本，即“于诸法上念念不住”，无所系缚。又主张顿悟说，认为“不悟即佛是众生，一念悟时众生是佛”，“万法尽在自心中，顿见真如本性”。同时也强调“法即无顿渐，迷悟有迟疾”，“迷闻经累劫，悟在刹那间”。又主张“佛法在世间，不离世间觉，离世觅菩提，恰如求兔角”。从中指出：“若欲修行，在家亦得，不由在寺。在家能行，如东方人心善；在寺不修，如西方人心恶。”《坛经》的思想对禅宗的发展起了重要作用。可以说，《坛经》是一部阐述人人真心本性的重要经典，它指出了人们真正的生命，因此，也可以说是一部充满生命智慧的宝典。

古人说：“人生最大幸福事，夜半挑灯读《坛经》。”在禅宗庞大的典籍中，《坛经》被视为一部无上的宝典，在中国佛学思想中具有承先启后的力量。纵观宋明两代理学家的语录，不难发现儒学的发展也深受《坛经》影响。可以说，它的影响已经深入到中国传统思想、社会生活、文化艺术等领域。因此，《坛经》不但在佛教里居于极其重要的地位，而且也是中国文化不可或缺的一部分。近代国学大师钱穆就曾将之与《论语》《孟子》等书并列为探索中国文化的经典之一，并认为其是中国第一部白话文学作品，是中国文化中的一朵奇葩，更是禅学的伟大著作。

孙中山先生尝言："佛教乃救世之仁，佛学是哲学之母。宗教是造成和维持民族一种雄大的自然力，人民不可无宗教之思想。研究佛学，可补科学之偏。"西方人瓦茨氏（Alan Watts）认为《坛经》是"东方精神文学的最大杰作"。在迈入21世纪的今日，学禅已蔚为世界潮流，例如在美国，"禅"被列为训练太空人的课程之一，因为到了太空，必须停留一段相当长的时日，如果没有禅定的力量，寂寞无聊的时间不容易打发。而对于今天心灵极度贫穷、浮躁不安的人们来说，读读《坛经》、学学禅法是大有益处的。

四　本书注译的有关情况

《坛经》是六祖慧能大师留下的最为重要的思想资料，作为一个平民思想家，六祖当时说法基本上用的是口语或者说是白话，虽然个别文字可能经过其弟子的整理加工，但基本上保持了其平实而又灵活的原貌，只是由于历史的变迁，原来的白话和通俗讲说今人理解起来也有了障碍和困难，尤其是对于经受现代科学洗礼、传统文化素养欠缺的人们来说，《坛经》中很多内容是很生疏的，因而需要加以解释，白话翻译也同样是必要的。

六祖研究一向是禅学研究的热点，近来更有上升之势，而普及六祖思想，宣传六祖事迹，也同样受到了学术界和佛教界的重视。我们这次的译本是以宗宝本为主，注释务求简明，原则上对于一些大众熟知的佛教术语和经文中本身已作解释的问题不再注出，因为其目的只是帮助初学者理解经义。在注释中主要参考了陈秋平、尚荣译注的《金刚经·心经·坛经》（中华书局，2010 年 5 月版）、弘学编著的《六祖坛经浅析》（巴蜀书社，2008 年 12 月版）和魏道儒先生的《白话坛经》（三秦出版社，1992 年 9 月版），当然个别地方有自己的理解，细心的读者可以自己对照。

由于本书面对的读者对象大多数为初学佛教者，因而翻译力求简明扼要。由于才疏学浅，我们的注释与翻译定然存在不足和疏漏乃至讹误，乞望读者能够给予批评指正。

目录

行由品第一

【题解】

本品是六祖慧能大师自述他的身世、得法因缘及登坛说法的由来，因此以“行由”为品题。所谓行由，就是指修行的因缘由来。通过讲述“闻经得悟”、黄梅参拜五祖弘忍大师等故事，表明了南宗禅法与《金刚经》及东山法门有深厚的渊源。通过“人虽有南北，佛性本无南北”，宣扬了众生皆有佛性的理论。通过“菩提本无树，明镜亦非台。本来无一物，何处惹尘埃”的偈颂及“迷时师度，悟了自度”的主张，揭示了南宗禅法破相扫执、直指心源、不落阶级、顿悟成佛的特质。慧能大师后于广州法性寺因“风幡之议”而为世人瞩目，开坛说法，弘化一方，从此中国佛教翻开了崭新的一页，开始向社会广泛传播。

时〔1〕，大师〔2〕至宝林〔3〕，韶州韦刺史〔4〕与官僚入山，请师出。于城中大梵寺〔5〕讲堂，为众开缘说法。师升座〔6〕次，刺史、官僚三十余人，儒宗、学士三十余人，僧尼、道俗一千余人，同时作礼，愿闻法要。

大师告众曰：“善知识〔7〕，菩提自性〔8〕，本来清净，但用此心，直了成佛〔9〕。善知识，且听慧能行由得法事意。”

【注释】

〔1〕时：跟佛经上的“一时”的意思一样，指的是时间，但没有

明确的年月日。依法海旧序推定，是在唐高宗仪凤二年（677）春天。〔2〕大师：大师是对德智崇高的老师的尊称，源于佛陀的十种尊号中的“天人师”，通于凡圣，是指德学堪做众生楷模的老师。这里是指对六祖慧能的尊称。　〔3〕宝林：就是指宝林寺，在广东省韶州（今韶关市）府曲江县南六十里的南华山。梁天监元年（502）智药三藏创建，到唐朝，改名中兴寺，又名广果寺或法泉寺，到宋代改为南华寺。〔4〕韦刺史：名璩，是当时韶州的刺史。刺史，是古代的官名，相当于现在的监察官的职务。其实，有时候，刺史权力相当于省长，管辖一州的军政大权。　〔5〕大梵寺：位于广东韶州府曲江县的河西，是刺史韦璩请六祖说法的地方。《广东通志》记载：“唐开元二年（714），僧宗锡建，名开元寺，又更名大梵寺，为刺史韦璩请六祖说《坛经》处。”　〔6〕升座：在说法的座位上落座。　〔7〕善知识：指正直有德、能够引导众生离恶修善的人。上至佛、菩萨，下至人、天，不论以何种姿态出现，凡是能引导众生舍恶修善、入于佛道者，都可称为善知识。这里主要是作为听讲者的代称。　〔8〕菩提自性：菩提，意译为觉、智、知、道，主要是指一种断绝世俗烦恼、超越一切二元对立而达到涅槃解脱的大智慧，菩提是佛教的根本理念，一切修行都是为了证悟菩提、见性成佛；自性，指自身的本性，即不生不灭、不垢不净、不增不减的清净本性，菩提与自性意义所指基本相同，可以合起来讲，即人人都有的智慧觉性。　〔9〕直了成佛：禅宗认为人人皆有佛性，只要如实观照，直截了当，就能成佛，也就是说必须爽快明了，不绕弯子，放下一切语言文字、一切思考拟议，才能开悟，才能见性成佛。

【译文】

那时（大致是在唐高宗仪凤二年春天），六祖慧能大师来到广东曹溪南华山宝林寺，韶州刺史韦璩和他的部属入山礼请慧能大师到城里的大梵寺讲堂，为大众演说佛法大义。大师登坛升座时，闻法的人有韦刺史和他的部属三十多人，当时学术界的领袖、学者等三十多人，以及僧、尼、道、俗一千余人，他们一起向慧能大师行礼致敬，希望听闻佛法要义。

慧能大师对大众说：“善知识，每个人都具有的菩提自性，本来就是清净的，永远不会受到污染，只要用此清净的菩提心反照，当下就能了悟，直接成佛。善知识，先且听我讲述求法、得法的行由与经历！”

“慧能严父，本贯范阳〔1〕，左降〔2〕流于岭南〔3〕，作新州〔4〕百姓。此身不幸，父又早亡，老母孤遗，移来南海〔5〕。艰辛贫乏，于市卖柴。时有一客买柴，使令送至客店。客收去，慧能得钱。却出门外，见一客诵经。慧能一闻经语，心即开悟〔6〕，遂问：‘客诵何经？’客曰：‘《金刚经》〔7〕。’复问：‘从何所来，持此经典。’客云：‘我从蕲州黄梅县东禅寺〔8〕来。其寺是五祖忍大师〔9〕在彼主化，门人一千有余。我到彼中礼拜，听受此经。大师常劝僧俗，但持《金刚经》，即自见性，直了成佛。’慧能闻说，宿昔有缘，乃蒙一客，取银十两与慧能，令充老母衣粮，教便往黄梅参礼五祖。慧能安置母毕，即便辞违。不经三十余日，便至黄梅，礼拜五祖。”

【注释】

〔1〕范阳：古县名，是秦统一中国后所设置。三国魏黄初七年（226）改属涿郡置。辖今河北省，长城以东，永清县以西，霸县、保定市、紫荆关以北和北京市房山以南地区。唐武德七年（624）改属涿州置，唐天宝元年（742年）改为幽州。所以卢氏历史上自称来自范

阳，涿州（郡）或幽州。〔2〕左降：谓降职。古以右为尊，因此称降职为左降。〔3〕岭南：是指中国南方的五岭之南的地区，相当于现在广东、广西、海南全境，以及湖南、江西等省的部分地区。由于行政区划的变动，现在提及到“岭南”一词时，特指广东、广西和海南三省区，江西和湖南部分位于五岭以南的县市并不包括在内。〔4〕新州：就是现在的广东省新兴县。〔5〕南海：县名，县治在佛山镇。〔6〕开悟：指开智明理，领悟自心智慧。〔7〕《金刚经》：佛教经典。全称《能断金刚般若波罗蜜经》。初出为鸠摩罗什于402年所译。其他译本有北魏菩提流支、南朝陈真谛之同名译本；另有隋达摩笈多所译名《金刚能断般若波罗蜜经》，唐玄奘所译名《能断金刚般若波罗蜜多经》，义净所译名《能断金刚般若波罗蜜多经》。〔8〕东禅寺：位于湖北黄梅县西南，又称莲华寺。为禅宗五祖弘忍的道场，也就是五祖传授衣钵给六祖慧能的地方。〔9〕忍大师：就是五祖弘忍，湖北省黄梅县人，生于仁寿元年（601），示寂于咸亨五年（674）。五祖在黄梅县的东山营建东禅寺，大弘禅法，因此当时的人又称弘忍为“黄梅”。

【译文】

“我的父亲原籍范阳，因事遭贬被降职流放到岭南，于是作了新州的普通老百姓。我这一生很不幸，父亲早逝，留下年老的母亲和我相依为命，后来我们只好迁移到南海。由于家境贫寒，每天只靠卖柴来维持生计，日子过得十分艰难困苦。有一天，有位顾客买柴，嘱咐我把柴送到客店去。客人把柴收下后，我得了钱退出门外时，看见一位客人正在读诵佛经。我一听那位客人所诵的经文，心里豁然开悟，于是问：‘您诵念的是什么经？’客人答说：‘是《金刚经》。’我再问：‘您从哪里来？如何获得这部经典？’客人答说：‘我从蕲州黄梅县东禅寺来，五祖弘忍大师在那里主持并弘扬佛法教化众生，跟随他参学的门人有一千多人。我就是在东禅寺礼拜五祖，并听闻领受了这部经典。大师经常劝出家、在家二众说，只要持诵《金刚经》，自然就能够见到自心本性，当下直接就能了悟成佛。’我听了客人的这一番话，也想去参拜五祖。由于过去结下的善缘，承蒙这位客人给我十两银子，嘱咐我备足母亲的生活所需，然后就到黄梅县参拜五祖。我将母亲安顿好了以后，辞别母亲，不到三十多天，就到了黄梅，礼拜五祖。”

祖问曰：‘汝何方人，欲求何物？’慧能对曰：‘弟子是岭南新州百姓，远来礼师，惟求作佛〔1〕，不求余物。’祖言：‘汝是岭南人，又是獦獠〔2〕，若为堪作佛？’慧能曰：‘人虽有南北，佛性〔3〕本无南北。獦獠身与和尚〔4〕不同，佛性有何差别？’五祖更欲与语，且见徒众总在左右，乃令随众作务〔5〕。慧能曰：‘慧能启和尚，弟子自心，常生智慧〔6〕，不离自性〔7〕，即是福田。未审和尚教作何务？’祖云：‘这獦獠，根性大利〔8〕！汝更勿言，着槽厂〔9〕去。’慧能退至后院，有一行者〔10〕，差慧能破柴踏碓〔11〕。经八月余，祖一日忽见慧能曰：‘吾思汝之见可用，恐有恶人害汝，遂不与汝言，汝知之否？’慧能曰：‘弟子亦知师意，不敢行至堂前，令人不觉。’”

【注释】

〔1〕作佛：即成佛。《法华经·譬喻品》曰：“具足菩萨所行之道，当得作佛。”断妄惑、开真觉，根除无明烦恼，开启真实觉悟。

〔2〕獦獠（gé liáo）：是对当时生活在南方的以行猎为生的少数民族的

侮称，也用来泛指南方人。这样称呼表示轻蔑，意指慧能是未开化、无知识的蛮夷之人。 〔3〕佛性：指成佛的可能性。又作如来性、觉性、如来藏。《涅槃经》有云："一切众生悉有佛性，如来常住无有变易。" 〔4〕和尚：亦作和上，指德高望重的出家人。意译亲教师、力生、近诵、依学、大众之师。和尚为受戒者之师表，故华严、天台、净土等宗皆称为戒和尚。后世沿用为弟子对师傅之尊称。 〔5〕随众作务：随同大家一起劳动、做活。 〔6〕智慧：明白一切事相叫做智，了解一切事理叫做慧。决断曰智，简择曰慧；俗谛曰智，真谛曰慧。《大乘义章九》曰："照见名智，解了称慧，此二各别。知世谛者，名之为智，照第一义者，说以为慧，通则义齐。" 〔7〕不离自性，即是福田：指体悟觉知自己的本性就像在福田播种，其收获的成果就是成就佛道，并不需要通过随众作务这样的苦修来达成。自性，指自体之本性。诸法各自具有真实不变、清纯无杂的个性，称为自性。福田，谓可生福德之田，指人们做善事，能够得到福报，就好像在大地播种庄稼而能够收获一样。这里是以田为喻，故名福田。田以生长为义，农夫播种于田亩，必有秋收之利。人若行善，能得福慧之报。佛教中认为凡敬侍佛、僧、父母、悲苦者，即可得福德、功德。〔8〕根性大利：根者，能生之利；善恶之习惯曰性，人性有生善业或恶业之力，故称根性。"能生为根，数习为性。"大利，大好，非常好。这里指慧能禀赋极高。 〔9〕槽厂：马房、马棚，指养马的地方。〔10〕行者：指居住寺院留发修行的人，泛指一般佛道之修行者。〔11〕踏碓：发明于西汉，是去秕、脱壳的粮食加工工具。

【译文】

"五祖见了我就问：'你是什么地方的人？来这里想要求些什么？'我回答说：'弟子我是岭南新州的一名普通老百姓，远道而来礼拜大师，只想觉悟成佛，别无他求。'五祖说：'你是岭南人，又是未开化的蛮夷之人，怎么能作佛呢？'我说：'人虽有南北的分别，人的佛性却没有南北的分别。蛮夷之人的身体与和尚的身体虽然不同，但是本自具有的佛性又有什么差别呢?’五祖还想和我多谈些话，但看见众多弟子围在在左右，不便多言，于是让我跟随大家去干活。我说：‘慧能启禀和尚：弟子内心常常生出智慧，这些智慧不离自己的本性，这就是福田，不知和尚还要教我做些什么事务?’五祖说：‘你这蛮夷，禀赋很高，不必再多说，到马棚干活去吧!’我退出后，来到后院。有一位行者叫我劈柴、舂米，就这样一连干了八个多月。有一天，五祖忽然到后院来，看到我就说：‘我想你的见解是很可用的，只是恐怕有恶人嫉妒，加害于你，所以不和你多说。你知道吗?’我回答说：‘弟子也知道师父的心意，所以一直不敢走到法堂前来，以免引人生疑。’”

“祖一日唤诸门人总来：‘吾向汝说：世人生死事大[1]，汝等终日只求福田，不求出离生死苦海[2]。自性若迷，福何可救？汝等各去自看智慧，取自本心般若[3]之性，各作一偈[4]，来呈吾看。若悟大意，付汝衣法[5]，为第六代祖。火急速去，不得迟滞。思量即不中用[6]，见性之人，言下须见。若如此者，轮刀上阵[7]，亦得见之。’

“众得处分，退而递相谓曰：‘我等众人，不须澄心[8]用意作偈，将呈和尚，有何所益？神秀上座[9]，现为教授师[10]，必是他得。我辈谩作偈颂，枉用心力。’诸人闻语，总皆息心，咸言：‘我等已后，依止[11]秀师，何烦作偈?’神秀思惟[12]：‘诸人不呈偈者，为我与他为教授师，我须作偈，将呈和尚。若不呈偈，和尚如何知我心中见解深浅？我呈偈意，求法即善，觅祖即恶，却同凡心夺其圣位奚别？若不呈偈，终不得法，大难大难！’”

【注释】

〔1〕生死事大：指生死问题极为重大，即劝人抓紧时间求得解脱，超越六道轮回。 〔2〕生死苦海：指各种苦难的世界，亦即生死轮回之三界六道，与“涅槃”相对称。佛教认为人都处于天、人、阿修罗、饿鬼、畜生、地狱等六道迷界中生死相续、永无穷尽的轮回中。众生沉沦于三界之苦恼中，渺茫无际，犹如沉没于大海难以出离，故以广大无边的海来比喻。 〔3〕般若：又作波若、般罗若、钵剌若，梵文音译。意译为慧、智慧，明见一切事物及道理的高深智慧，即称般若，有实相般若、观照般若、文字般若之分。 〔4〕偈（jì）：译为颂。颂者，美歌也。泛指一种略似于诗的有韵文辞，不问三言四言乃至多言，通常四句一偈。通用于佛教经律论。 〔5〕衣法：指衣与法。禅宗传承，师传法于弟子都以付授的袈裟为表征，传衣即传法之义。内传心法以印证宗门的佛心宗旨，外传僧衣以表示师承的信实无虚。衣，指出家人的袈裟。法，正法，指传正法之信征。 〔6〕思量即不中用：表明禅宗以为若要明白本心，通过思考分析是没有用的，是不能达到的。思量，即思虑度量事理的意思。 〔7〕轮刀上阵：指上阵作战，舞刀飞转如旋转的车轮一般。 〔8〕澄心：水清澈不流动为澄。静心，集中凝虑，使心绪澄静平定。 〔9〕神秀上座：神秀，唐代禅僧，五祖弘忍弟子之一。汴州尉氏人，俗姓李。身长八尺，龙眉秀目，有巍巍威德，少览经史，博学多闻。至蕲州双峰东山寺，参谒五祖求道。弘忍示寂后神秀师迁江陵当阳山传法，道誉大扬。禅门中将之与慧能并称为“南能北秀”。禅宗北宗与南宗的“顿悟”说不同，其教法力主渐悟之说，故而禅史有“南顿北渐”之称。神龙二年（706）神秀示寂，寿一〇二，敕号“大通禅师”，为禅门谥号最早者。上座，又称长老、首座等，指寺院僧职的名称，唐以前上座是寺院之首，唐以后上座为禅宗寺院住持之下的职位。神秀深为弘忍所器重，令为教授师，

因居五祖门中第一位，有神秀上座之名。〔10〕教授师：是专门负责教授弟子威仪、作法的轨范师，专门给受具足戒的僧人教授有关行住坐卧等威仪的作法。〔11〕依止：即依存而止住的意思。一般指依赖于有力、有德者之处而不离，亦称为依止。〔12〕思惟：即思考推度。思考真实的道理，称为正思惟，系八正道之一；反之，则称为邪思惟（不正思惟），乃八邪之一。

【译文】

“有一天，五祖召集所有的门下弟子，说：‘我对你们讲：世间的众生在生死苦海里轮回，如何解脱生死，这是亟待解决的一件大事。你们整天只知道持戒修善追求人天福报，不知道修智慧脱离生死苦海。自己的真心本性如果迷而不觉，只是修福，又如何能得度呢？你们各自回去反观内照自己的智慧，看取自己本心的般若自性，然后各作一首偈颂来给我看。如果能悟得佛法大意，我就传付衣法给他，让他成为第六代祖师。大家赶快去，不得迟缓拖延，费心思考分析是没用的，因为觉悟自性的人，一言之下自能得见。这样的人，即使在挥刀作战的紧急关头，也能于言下开悟自性。’

“大众听了五祖的吩咐后，退回来彼此互相商量说：‘其实像我们这样的人，没必要去澄心思虑，费尽心力地作偈子，因为即使呈了偈子给和尚看，又有什么用呢？神秀上座现在是我们的教授师，不用说，一定是他得第六代祖师之位。如果我们轻率冒昧地去作偈子，那只是白白浪费心力罢了。’众人听到这些话以后，全都打消了作偈子的念头，都说：‘我们以后追随神秀上座就行了，何必多此一举去作偈子呢？’神秀也暗自在想：‘大家都不呈偈交给师傅，是因为我是他们的教授师，所以我必须作偈呈送给师傅看。如果我不呈偈，师傅如何能知晓我心中见解的深浅呢？我呈偈的用意，如果是为了追求佛法，那就是善的；如果只是为了追求第六代祖师的位置，那就是一种恶行，这和一般的凡夫俗子处心积虑地谋求圣位又有什么不同呢？但是如果我不呈偈请和尚印证，终究不能得法，这件事实在是教人为难，教人为难啊！'"

"五祖堂前，有步廊三间，拟请供奉〔1〕卢珍〔2〕画《楞伽经》〔3〕变相〔4〕及《五祖血脉图》〔5〕，流传供养〔6〕。神秀作偈成已，数度欲呈。行至堂前，心中恍惚，遍身汗流，拟呈不得，前后经四日，一十三度，呈偈不得。秀乃思惟：'不如向廊下书著，从他和尚看见，忽若道好，即出礼拜，云是秀作。若道不堪，枉向山中数年，受人礼拜，更修何道！'是夜三更，不使人知，自执灯，书偈于南廊壁间，呈心所见。偈曰：

'身是菩提树〔7〕，心如明镜台。
时时勤拂拭，勿使惹尘埃。'

"秀书偈了，便却归房，人总不知。秀复思惟：'五祖明日见偈欢喜，即我与法有缘；若言不堪，自是我迷，宿业障重〔8〕，不合得法，圣意〔9〕难测。'房中思想，坐卧不安，直至五更。"

【注释】

〔1〕供奉：官名。指被朝廷或皇家聘用的官员，多为擅长文学、美术等各种技艺的人。 〔2〕卢珍：当时的著名画家，《佩文斋书画谱》第四十八卷《画家传四》有卢珍姓名。 〔3〕《楞伽经》：为佛教

经典，全名《楞伽阿跋多罗宝经》或《入楞伽经》，四卷本，南朝刘宋求那跋陀罗译，收于《大正藏》第十六册。楞伽，山名；阿跋多罗，“入”之意思，意谓佛陀入此山所说之宝经，本经宣说世界万有皆由心所造，人认识的对象不在外界而在内心。《楞伽经》对中国禅宗影响颇大。　〔4〕变相：指依经典之记载，描绘佛的本生故事，或净土庄严、地狱相状等图画，用以宣传教义。又作变像、变绘，略称变。变，乃变动、转变之意，即将种种真实之动态，以图画或雕刻加以描绘。〔5〕《五祖血脉图》：以画图的形式表现禅宗五代祖师的壁画。据传：其始祖为印度僧人菩提达摩，二祖慧可，三祖僧璨，四祖道信，五祖弘忍。　〔6〕供养：供给奉养的意思，对上含有亲近、奉事、尊敬的意思，对下含有同情、怜惜、爱护的意思。又作供、供施、供给、打供，意指供食物、衣服等予佛法僧三宝、师长、父母、亡者等。供养初以身体行为为主，后亦包含纯粹的精神供养，故有身分供养、心分供养之分。　〔7〕菩提树：又称觉树、道树、佛树。释迦牟尼在菩提树下静坐，证悟无上正觉。　〔8〕宿业障重：又称宿作业。佛教说宿业是指过去世所造成的善恶业因。障，指烦恼，烦恼能障碍圣道，故名障。“宿业障重”即指过去世所作的恶业烦恼深重，影响人认识本心。　〔9〕圣意：这里指弘忍的心意。

【译文】

“在五祖法堂前，有三间走廊，原本准备请宫廷画师卢珍居士在廊壁上绘画《楞伽经》变相及《五祖血脉图》，用来永久流传，受人供养。神秀写好了偈颂以后，曾经数度想呈送给五祖。但走到法堂前，就紧张得心中恍惚，汗流全身，想要呈上去，却又犹豫不决。就这样前后经过了四天，共有十三次想呈送，都没勇气把偈颂呈交上去。神秀于是想到：‘不如把偈颂写在法堂前的走廊的廊壁上，由和尚自行看到。如果和尚看了以后说好，我就出来礼拜，出面承认是我神秀作的；如果说不好，那我白白在山中修行了这么多年，空受众人恭敬礼拜，还修什么道呢？’于是，就在当天夜里三更时分，神秀不使人知，悄悄地走出房门，自己掌灯，把偈颂写在南廊的墙壁上，以表露他心中对佛性的见解。偈颂如下：

‘身是菩提树，心如明镜台。
时时勤拂拭，勿使惹尘埃。’

“神秀写好偈颂以后，便回到自己的房中，全寺上下都不知道这件事。神秀又想：‘明天五祖看见这首偈后，如果心生欢喜，就是我与佛法有缘；如果说实在不行，自然是我自己心里迷误，前世业障太过深重，所以不该得到佛法，五祖的圣意实在是难以揣测啊！’神秀在房中左思右想，坐卧不安，一直折腾到五更时分。”

“祖已知神秀入门未得，不见自性。天明，祖唤卢供奉来，向南廊壁间绘画图相。忽见其偈，报言：‘供奉却不用画，劳尔远来。经云：凡所有相，皆是虚妄[1]。但留此偈，与人诵持。依此偈修，免堕恶道[2]。依此偈修，有大利益。’令门人：‘炷香礼敬[3]，尽诵此偈，即得见性。’门人诵偈，皆叹善哉[4]。祖三更唤秀入堂，问曰：‘偈是汝作否？’秀言：‘实是秀作，不敢妄求祖位，望和尚慈悲[5]，看弟子有少智慧否？’祖曰：‘汝作此偈，未见本性，只到门外，未入门内。如此见解，觅无上菩提[6]，了不可得。无上菩提，须得言下识自本心，见自本性，不生不灭[7]。于一切时中[8]，念念自见[9]，万法无滞，一真一切真[10]，万境自如如[11]。如如之心，即是真实[12]。若如是见，即是无上菩提之自性也。汝且去，一两日思惟，更作一偈，将来吾看。汝偈若入得门，付汝衣法。’神秀作礼而出。又经数日，作偈不成，心中恍惚，神思不安，犹如梦中，行坐不乐。”

【注释】

〔1〕凡所有相，皆是虚妄：出自《金刚经》，意为世界上一切有形体的事物或现象都是虚幻不实的。本体的自性是无相的，一落有相，就脱离了自性，即落入了幻有的现象界。相，指能为人们所感觉到的一切有形体的事物和现象。虚，即无实；妄，是不真。虚妄即虚假、非真实的意思。　〔2〕恶道：指三恶道，即地狱、饿鬼、畜生。为“善道”的对称，与“恶趣”同义，即指生前造作恶业，而在死后所去往的苦恶处所，主要指地狱。　〔3〕炷香礼敬：炷香即烧香、燃香；礼敬又作敬礼，即礼拜恭敬的意思。　〔4〕善哉：称赞之辞，为契合我意的称叹之语。古印度在开会议决之际，表示赞成时皆用此语；又释尊或其他诸佛在赞同其弟子的意见时，也发此语。　〔5〕慈悲：与乐曰慈，慈爱众生并给予快乐；拔苦曰悲，同感其苦，怜悯众生并拔除其苦。二者合称为慈悲。佛陀之悲就是以众生苦为己苦的同心同感状态，故称同体大悲；又因其悲心广大无尽，故称无缘大悲。〔6〕无上菩提：指至高无上的觉悟。菩提有三等，佛、缘觉、声闻，各于其果所得的觉智，称为菩提。此中佛所得的菩提，无有过之者，为无上究竟，故称无上菩提。　〔7〕不生不灭：是“生灭”的相对词，是常住的别名，也是永生的意思。生灭，指生起与灭尽，与“生死”同义。离因缘而永久不变的常住存在为无为法，无生无灭、不生不灭。依因缘和合而有，叫做生；依因缘分散而无，叫做灭。有生有灭，是有为法；不生不灭，是无为法。　〔8〕于一切时中：指在过去、现在和未来的一切时间，即时时刻刻。一切时，指从无始以来相续无穷的时间，称为一切时。无论何时，包括过去、现在、未来所有

的时间，都称为一切时。〔9〕念念自见：意谓极其短暂之时间都能明了自己的心念。佛教认为事物和现象变化之迅速莫过于人的心念的起灭。〔10〕一真一切真：指明心见性的人见到一起事物都远离虚妄。〔11〕万境自如如：万境，指一切的境界，即人们感觉和思维的一切事物和现象。如如，即“如于真如”，是不动、寂默、平等不二、不起颠倒分别的自性境界，即如理智所证得的真如，故而称如如。万境自如如即指万事万物都真实平等，没有分别。〔12〕真实：离迷情、绝虚妄称为真实。与“方便权假”对应。身口各异，言念无实，称为虚妄。若表里如一，更无虚妄，则为真实。

【译文】

“其实，五祖早已知道神秀还没有真正认识到佛性，不曾得见自己的本性。天亮后，五祖请卢供奉来，准备去南边走廊墙上绘画图相。这时忽然看到神秀那首偈颂，于是对卢供奉说：‘供奉！不用画了，劳驾您远道而来。《金刚经》上说：凡是一切有形体相状的事物，都是虚幻不真实的。暂且留下这首偈颂，让大众诵念修持。如果能够依照这首偈颂修行，可免堕入三恶道；依照这首偈颂修行，将会获得很大的利益。’于是五祖命令徒弟们：‘对偈焚香恭敬礼拜，大家都诵持这首偈颂，就可以见到自性。’弟子们读诵此偈后，都赞叹说很好！夜半三更，五祖把神秀叫进法堂，问道：‘那首偈颂是你写的吗?’神秀答道：‘确实是弟子所作，弟子不敢妄求得祖位，只望和尚慈悲，看弟子是否有一点佛法智慧?’五祖说：‘从你作的这首偈子来看，你还没有见到自性，只是门外汉一个，未曾进门入室。这样的见解，要想用它来觅求无上菩提，终究不可得。那无上菩提，必须言下就能直接见到，领悟到自己的本性是不生不灭的。在一切时中，念念都能见到自己的真心本性，那么一切万法都无滞无碍；只要能认识真如自性，自然一真一切法皆真，见到一切的境界都如如不动而无生无灭。这如如不动的心，就是超越人我、法我二执而显现的真实性。若是这样见得，即是无上菩提的自性了。你暂且回去思考一两天，再作一偈送来给我看，如果你的偈能入得门来，我就把衣法传付给你。’神秀行礼退出。又经过几天，神秀仍然作不成偈，心中整天恍惚，神思不安，好像在梦中一般，行走坐卧都闷闷不乐。”

“复两日，有一童子[1]于碓坊[2]过，唱诵其偈。慧能一闻，便知此偈未见本性，虽未蒙教授，早识大意。遂问童子曰：‘诵者何偈?’童子曰：‘尔这獦獠不知。大师言：世人生死事大，欲得传付衣法，令门人作偈来看。若悟大意，即付衣法为第六祖。神秀上座于南廊壁上，书无相偈。大师令人皆诵，依此偈修，免堕恶道；依此偈修，有大利益。’慧能曰：‘我亦要诵此，结来生缘。上人[3]，我此踏碓八个余月，未曾行到堂前。望上人引至偈前礼拜。’童子引至偈前礼拜。慧能曰：‘慧能不识字，请上人为读。’时有江州别驾[4]，姓张，名日用，便高声读。慧能闻已，遂言：‘亦有一偈，望别驾为书。’别驾言：‘汝亦作偈，其事希有!’慧能向别驾言：‘欲学无上菩提，不得轻于初学。下下人有上上智，上上人有没意智[5]。若轻人，即有无量[6]无边罪。’别驾言：‘汝但诵偈，吾为汝书。汝若得法，先须度[7]吾，勿忘此言。’慧能偈曰：

‘菩提本无树，明镜亦非台；

本来无一物，何处惹尘埃。’

“书此偈已，徒众总惊，无不嗟讶，各相谓言：‘奇哉！不得以貌取人。何得多时使他肉身菩萨[8]！’祖见众人惊怪，恐人损害，遂将鞋擦了偈。曰：‘亦未见性。’众以为然。”

【注释】

〔1〕童子：对寺院中还没有正式出家的青少年的称呼。 〔2〕碓坊：舂米的房间。 〔3〕上人：品德高尚之人。是对智德兼备而可为众僧及众人师者的高僧的尊称。《释氏要览》卷上谓内有智德，外有胜行，在众人之上者为上人。后逐渐成为对出家僧人的尊称。这里是慧能对童子的尊称。 〔4〕别驾：官名。汉代设立，为州长官的辅佐。因随从州官出巡辖境时，别乘驿车随行而得名。 〔5〕没意智：即指愚钝、没有智慧或智慧被埋没的意思。意智，即思量之意。 〔6〕无量：指不可计量之意。指空间、时间、数量之无限，亦指佛德之无限。无边：指广大而无边际。 〔7〕度：渡过之意。指从此处渡经生死迷惑之大海，而到达觉悟彼岸。出家为觉悟之第一步，故称出家为“得度”，即从生死此岸到解脱涅槃的彼岸。 〔8〕肉身菩萨：指生身菩萨，即以父母所生之身而达到菩萨修行阶位的人。肉身菩萨于入寂后可得全身舍利。菩萨，指据大乘佛教教义修行而能够于未来成就佛道的修行者。舍利，据《法苑珠林》卷四十所载，舍利即身骨，为有别于凡夫死人之骨，故保留梵名。可分为三种：一、骨舍利，白色；二、发舍利，黑色；三、肉舍利，赤色。全身舍利系于高僧或大善知识示寂后，其身躯虽经年代久远，时空变迁，却未腐朽溃烂，常保原形而栩栩如生。

【译文】

“又过了两天，有一童子从碓坊经过，口中唱诵着神秀所作的偈，我一听就知道作这首偈的人还没有见到自性。虽然我不曾蒙受和尚教导，但是早已识得佛法大意，就问童子说：‘你诵的是什么偈呢？’童子说：‘你这獦獠不晓得，五祖大师说，人生最重要的事是生死；大师要传付衣钵佛法，所以让弟子们作偈给他看，如果悟得大意，就传付衣法，让他做第六代祖师。神秀上座在南边走廊的墙壁上写了这首无相偈，大师教众人都诵念，说依这首偈去修持，可得大利益。’我说：‘我也要诵这首偈，为来生结缘。上人，我在这里舂米已经八个多月了，不曾走到法堂前，请上人也能引导我到偈颂前去礼拜。’童子引我到偈颂前礼拜，我说：‘慧能不认识字，请上人替我朗读一遍。’这时有位江州别驾，姓张名日用，便高声朗诵。我听了以后，对张别驾说：‘我也有一首偈，希望别驾代为书写。’张别驾说：‘你也会作偈，这倒是稀奇！’我对张别驾说：‘要学无上正觉，不可轻视初学。下下等的人也会有上上等的智慧；上上等的人也会有没智慧的时候。如果随便轻视人，就会有无量无边的罪过。’张别驾说：‘你就把偈语念诵出来吧！我为你写上，将来如果你得法，务必先来度我，请不要忘了这句话。’我的偈颂是这样说的：

‘菩提本无树，明镜亦非台；
本来无一物，何处惹尘埃。’

“这首偈写好以后，五祖的门下弟子无不赞叹惊讶，相互议论说：‘真是奇迹啊！实在不能以貌取人哩！什么时候他竟然成就了肉身菩萨？’五祖看到大家这样大惊小怪，恐怕有人加害于我，于是就用鞋子擦掉了这首偈语，说：‘也是没有见性！’于是大家以为真是这样。”

“次日，祖潜至碓坊，见能腰石[1]舂米，语曰：‘求道之人，为法忘躯，当如是乎！’乃问曰：‘米熟也未[2]？’慧能曰：‘米熟久矣，犹欠筛在[3]。’祖以杖击碓三下而去[4]。慧能即会祖意，三鼓入室。祖以袈裟[5]遮围，不令人见，为说《金刚经》。至‘应无所住而生其心’[6]，慧能言下大悟[7]：‘一切万法，不离自性。’遂启祖言：‘何期[8]自性，本自清净；何期自性，本不生灭；何期自性，本自具足[9]；何期自性，本无动摇；何期自性，能生万法。’祖知悟本性，谓慧能曰：‘不识本心，学法无益；若识自本心，见自本性，即名丈夫[10]、天人师[11]、佛。’三更受法，人尽不知，便传顿教[12]及衣钵[13]，云：‘汝为第六代祖，善自护念，广度有情[14]，流布将来，无令断绝。听吾偈曰：有情来下种，因地果还生；无情亦无种，无性亦无生。’”

【注释】

〔1〕腰石：在腰间绑块石头，增加自身体重，以便踏动舂米碓。〔2〕米熟也未：禅家讲“劈柴担水，无非妙道”，此处以舂米为喻，暗示询问慧能悟道了没有，心法是否成熟了。〔3〕犹欠筛在：此处以筛子筛米为喻，暗示慧能称自己心法早已成熟，就差五祖弘忍大师点化开示或验证肯定了。〔4〕祖以杖击碓三下而去：此处指弘忍大师暗示慧能夜半三更去见他。〔5〕袈裟：比丘的法衣，解释为不正色、坏色、染色等意义，因为出家比丘所穿的法衣，都要染成浊色，

故袈裟是依染色而立名的。又因其形状为许多长方形割截的小布块缝合而成，有如田畔，故又名割截衣或田相衣，亦称福田衣。〔6〕应无所住而生其心：为《金刚经》中之名句，与《心经》中“空即是色，色即是空”义同。意即不论处于何境，皆能无所执著，而自然呈现出本心佛性。心若有所执著，犹如生根不动，则无法有效掌握一切。故不论于何处，心都不可存有丝毫执著，才能随时任运自在，而如实体悟本性。〔7〕悟：有数层意思，一指对禅宗教义的理解，二指对禅境的体验，三指对本性的自我觉知，是成佛的标志，四指现实世界中疑难问题的解决。〔8〕何期：没想到。〔9〕具足：具备满足的略称。〔10〕丈夫：又译作士夫，指成年男子，或诸根圆具的男子。人中之最胜者为丈夫，是勇进正道修行不退者。此处是调御丈夫的简称，调御丈夫是佛十大名号之一，意为佛能调御一切可度之丈夫，使入修道也。〔11〕天人师：为如来十大名号之一。又作天人教师，谓佛陀为诸天与人类之教师，示导一切应作不应作、是善是不善，若能依教而行，不舍法道，能得解脱烦恼之报，故称天人师。〔12〕顿教：指顿悟成佛的教法。以说法内容分，长时间修行而后达悟的教法，称为渐教；迅即证得佛果、成就菩提之教法，称为顿教。〔13〕衣钵：指三衣及一钵。三衣：指九条衣、七条衣、五条衣三种袈裟。钵，乃修行僧之正式食器，为出家众所有物中最重要者。受戒时，三衣一钵为必不可少之物，亦为袈裟、铁钵之总称。禅宗之传法即传其衣钵于弟子，称为传衣钵，因此亦引申为师者将佛法大意传授予后继者。〔14〕有情：旧译为众生，即所有有生命的个体。有的认为，“有情”系指人类、诸天、饿鬼、畜生、阿修罗等有情识的生物。而草木金石、山河天地等为非情、无情之物。“众生”包括有情及无情二者。另一说则认为“有情”即是“众生”之异名，二者乃一体而异名，皆包括有情之生物及无情之草木等。

【译文】

“第二天，五祖悄悄地来到碓坊，看见我腰上绑着一块大石头正在费力地舂米，说道：‘追求佛道的人为了正法而忘却身躯，正是应当这样！’于是问我：‘米熟了没有？’我回答：‘早就熟了！就差筛子筛一下了。’五祖于是用锡杖在碓石上敲了三下而后离开。我当下已领会五祖的意思，于是在入夜三更时分，进入五祖的房间。五祖用袈裟把门窗遮围起来，不使别人看到，然后亲自为我讲说《金刚经》，当讲到‘应无所住而生其心’时，我当下大悟，明白了‘一切法都不离自性’的道理。于是我向五祖禀告说：‘想不到自性本来就是如此清净的呀！想不到自性本来就是没有生灭的呀！想不到自性本来就是圆满具足的呀！想不到自性本来就是没有动摇的呀！想不到自性本来就能生出万法的呀！’五祖听了，知道我已悟得自性，便对我说：‘不能认识自己的本来心，即使多闻佛法也没有益处。如果能认识自己的本来心，见到自己的本来自性，即可称为大丈夫、天人师、佛。’我在三更时分受法，所有的寺众都不知道，五祖就把顿教心法及衣钵传授给我，并且嘱咐我说：‘你现在已经是第六代祖师了，要好好地自行护念，广度天下有情众生，将此心法流传到后世，不要使它断绝！’听我说偈：‘有情来下种，因地果还生；无情亦无种，无性亦无生。’”

“祖复曰：‘昔达摩大师[1]，初来此土，人未之信。故传此衣，以为信体，代代相承。法则以心传心，皆令自悟自解。自古佛佛惟传本体，师师密付本心。衣为争端，止汝勿传。若传此衣，命如悬丝。汝须速去，恐人害汝。’慧能启曰：‘向甚处去？’祖云：‘逢怀则止，遇会则藏[2]。’慧能三更，领得衣钵。云：‘能本是南中人[3]，素不知此山路，如何出得江口？’五祖言：‘汝不须忧，吾自送汝。’祖相送直至九江驿〔4〕。祖令上船，五祖把橹自摇。慧能言：‘请和尚坐，弟子合摇橹。’祖云：‘合是吾渡汝。’慧能曰：‘迷时师度，悟了自度；度名虽一，用处不同。慧能生在边方，语音不正，蒙师付法，今已得悟，只合〔5〕自性自度。’祖云：‘如是如是。以后佛法，由汝大行。汝去三年，吾方逝世。汝今好去，努力向南，不宜速说，佛法难起。’

“慧能辞违〔6〕祖已，发足南行。两月中间，至大庾岭〔7〕。五祖归，数日不上堂，众疑。诣问曰：‘和尚少病少恼否？’曰：‘病即无，衣法已南矣。’问：‘谁人传授？’曰：‘能者得之。’众知焉，逐后数百人来，欲夺衣钵。一僧俗姓陈，名慧明〔8〕。先是四品将军，性行粗糙，极意参寻，为众人先。趁及慧能，慧能掷下衣钵于石上，曰：‘此衣表信，可力争耶？’能隐草莽中，慧明至，提掇不动。乃唤云：‘行者！行者！我为法来，不为衣来。’慧能遂出，盘坐石上。慧明作礼云：‘望行者为我说法。’慧能云：‘汝既为法而来，可屏息诸缘，勿生一念，吾为汝说明。’良久，慧能云：‘不思善，不思恶，正与么时，那个是明上座本来面目。’慧明言下大悟。复问云：‘上来密语密意外，还更有密意否？’慧能云：‘与汝说者，即非密也。汝若反照，密在汝边。’明曰：‘慧明虽在黄梅〔9〕，实未省自己面目。今蒙指示，如人饮水，冷暖自知。今行者即慧明师也。’慧能曰：‘汝若如是，吾与汝同师黄梅，善自护持。’明又问：‘慧明今后向甚处去？’慧能曰：‘逢袁则止，遇蒙则居〔10〕。’明礼辞。”

【注释】

〔1〕达摩大师：达摩（？—528），全称菩提达摩（Bodhidharma），南北朝时来华天竺僧人。略称达摩，意译道法。被称为西天（天竺）禅宗第二十八祖和东土禅宗初祖。生于南天竺之婆罗门（一说刹帝利）种姓，香至王第三子。中国南朝刘宋末年航海至广州，后于洛阳、嵩山等地游历并传禅学，遇慧可收为弟子，传《楞伽经》四卷。复至广州，梁武帝迎至建康，至北魏入嵩山少林寺，“面壁而坐，终日默然”达九年。传说他以二入四行教人，重视坐禅和教理，要求通过壁观，识自本有真性。在实际生活中达到无爱憎、无得失、无悲喜、无是非、超脱一切的精神境界。梁武帝尊称其为“圣胄大师”，唐代宗赐“圆觉大师”之谥号。　〔2〕逢怀则止，遇会则藏：《宋高僧传》载慧能得传禅宗衣钵回广东，“隐于四会怀集之间”。怀：指怀集县，今天的广西梧州。会：指四会县，今天的广东新会。　〔3〕南中人：岭南人。〔4〕九江驿：今江西九江。　〔5〕合：应该，理应。　〔6〕辞违：辞别，告辞。　〔7〕大庾岭：又名梅岭，为五岭之一，在今广东与江西交界之处。　〔8〕慧明：《宋高僧传》有《唐袁州蒙山慧明传》即此人。慧明姓陈氏，鄱阳人，本陈宣帝之孙，国亡，散为编甿，少年时出家于永昌寺怀道和尚处为僧。　〔9〕黄梅：即弘忍。因其为黄梅人，又住持黄梅东山寺，故有此称。　〔10〕逢袁则止，遇蒙则居：谶语。袁，袁州，即今江西省宜春市。蒙，袁州蒙山。后慧明居住于袁州蒙山寺。

【译文】

“五祖又说：‘过去达摩祖师刚刚从印度来中国传播佛法的时候，人们都不相信他，所以要传这个衣钵作为凭证，代代相传。其实佛法关键在以心传心，是要使人自己开悟，自己求证得到解脱。自古以来，诸佛只是传授自性本体，历代祖师只是密付教法，觉悟自性本心。衣钵是争夺的祸端，到你这里为止，不可再传！如果继续再传衣钵，必将危及生命。你必须赶快离开这里，恐怕有人要伤害你。’我听了后，问五祖说：‘我应该往哪里去呢？’五祖说：‘你遇到带怀字的地方就可停留下来，碰到带会字的地方则隐藏起来。’我在三更时分领得衣钵后，对五祖说：‘我原是南方人，向来不熟悉这里的山路，如何才能走到江口呢？’五祖说：‘你不必忧虑，我亲自送你去。’五祖一直送我到九江驿，让我上船，五祖自己把橹摇船。我说：‘和尚请坐！弟子应该摇橹。’五祖说：‘应该是我度你。’我说：‘迷的时候由师父度，悟了就要自己度；度的名称虽然一样，但它的用处不一样。我生长在偏远的地方，讲话的语音不正，承蒙师父传授心法，现已开悟，只应以自己本性度自己了。’五祖说：‘是的！是的！以后佛法要靠你广为弘扬传播了。三年以后，我就要离开人世，你要珍重，一直向南走，也不要急于说法，因为这些年内佛法是很难兴盛起来的。’

“我辞别了五祖，动身向南方走，大约经过了两个月的时间，到了大庾岭。这时，有数百人从后面追赶而来，想要夺取衣钵。其中有一位僧人，俗姓陈，名叫慧明，在家时曾经做过四品将军，性情粗鲁，参禅求道的心却很积极。他极力追踪寻找我，比其他人先一步追上了我。我把衣钵扔在石头上，说：‘这袈裟是代表传法的信物，难道可以用武力来争夺吗？’说完我就隐避到草丛中。慧明赶到，提拿衣钵却怎么也提不动，于是大声喊道：‘行者！行者！我是为求法而来，不是为夺衣钵而来。’于是我从草丛中走出来，盘坐在石头上。慧明作礼，说道：‘希望行者为我宣讲佛法。’我说：‘既然你是为求法而来，先要屏除止息心识中的一切缘影，不要生一点杂念，我再为你说法。’慧明默然而立。经过许久，我说：‘不要有意识地思量善，不要有意识地思量恶，在这种状态下，你明上座的本来面目是什么呢？’慧明在此言下忽然契悟，又再问道：‘除了已经说过的密语、密意以外，还更有其他的密意吗？’我说：‘既然已经对你讲了，就不是秘密。你如果能凭借智慧反观内照，究明自性的本源，秘密就在你身边。’慧明说：‘我虽然在黄梅五祖座下修行，实在未曾省悟自己的本来面目，今承蒙指示，如人饮水，冷暖只有自己知道。从今以后，行者就是我的师父了。’我说：‘既然你这样说，我和你同以黄梅五祖为师吧，好好自行护念修持。’慧明又问：‘我今后要向什么地方去呢？’慧能说：‘你遇到带袁字的地方就可以停止，碰到带蒙字的地方就可以安住下来。’于是慧明作礼辞别而去。”

“慧能后至曹溪[1]，又被恶人寻逐。乃于四会，避难猎人队中，凡经一十五载，时与猎人随宜说法[2]。猎人常令守网，每见生命，尽放之。每至饭时，以菜寄煮肉锅。或问，则对曰：‘但吃肉边菜。’一日思惟：时当弘法[3]，不可终遁。遂出至广州法性寺[4]，值印宗法师[5]讲《涅槃经》[6]。时有风吹幡[7]动，一僧曰‘风动’，一僧曰‘幡动’，议论不已。慧能进曰：‘不是风动，不是幡动，仁者[8]心动。’一众骇然。

“印宗延至上席，征诘奥义。见慧能言简理当，不由文字。宗云：‘行者定非常人。久闻黄梅衣法南来，莫是行者否？’慧能曰：‘不敢。’宗于是作礼，告请传来衣钵，出示大众。宗复问曰：‘黄梅付嘱[9]，如何指授？’能曰：‘指授即无，惟论见性，不论禅定[10]解脱[11]。’宗曰：‘何不论禅定解脱？’能曰：‘为是二法，不是佛法。佛法是不二之法[12]。’又问：‘如何是佛法不二之法？’慧能曰：‘法师讲《涅槃经》，明佛性是佛法不二之法。如高贵德王菩萨[13]白佛言：犯四重禁[14]，作五逆罪[15]，及一阐提[16]等，当断善根佛性否？佛言：善根有二，一者常，二者无常，佛性非常非无常，是故不断，名为不二。一者善，二者不善，佛性非善非不善，是名不二。蕴之与界[17]，凡夫见二，智者了达其性无二。无二之性，即是佛性。’印宗闻说，欢喜合掌[18]言：‘某甲[19]讲经[20]，犹如瓦砾；仁者论义，犹如真金。’于是为慧能剃发[21]，愿事为师。慧能遂于菩提树下，开东山法门[22]。慧能于东山得法，辛苦受尽，命似悬丝。今日得与使君官僚僧尼道俗同此一会，莫非累劫之缘[23]，亦是过去生中，供养诸佛，同种善根，方始得闻如上顿教得法之因。教是先圣所传，不是慧能自智。愿闻先圣教者，各令净心。闻了，各自除疑，如先代圣人无别。”

一众闻法欢喜，作礼而退。

【注释】

〔1〕曹溪：地名，位于韶州（今广东曲江东南）之河，发源于狗耳岭，西流与溱水合，以经曹侯冢故，又称曹侯溪。梁天监元年（502）天竺婆罗门三藏智药到曹溪口，饮其水而知此源为胜地，乃劝村人建寺，复因其地似西国之宝林山，故称宝林寺。智药预言，一百七十年后有肉身菩萨于此开演无上法门，得道者如林。至唐仪凤二年（677）春，六祖慧能在此弘法，人称曹溪法门，后来也成为禅宗南宗的代称。　〔2〕随宜说法：顺应众生不同能力、根器，顺应不同时

间、地点，以种种善巧方便宣说佛法，以达完全效果。说法，即宣说佛法，以化导利益众生。〔3〕弘法：弘扬正法。〔4〕广州法性寺：位于广州西北部。又称作制旨寺、制止道场，今称为光孝寺。东晋时，罽宾僧始造立寺宇，号王园寺。南朝时，真谛住此翻译经典，慧恺、僧宗等亦跟随来此，一时译经风盛。唐贞观年间，称为乾明法性寺。唐高宗仪凤元年（676），六祖慧能至本寺，开东山法门。宋以后改为广孝寺。〔5〕印宗法师（627—713）：唐代僧人，吴郡人。于广州法性寺宣讲《涅槃经》，遇六祖慧能大师，始悟玄理，而以慧能为传法师，八十七岁示寂。〔6〕《涅槃经》：全称《大般涅槃经》，为北凉昙无谶译，四十卷。《涅槃经》主要宣扬佛身常在和“一切众生，悉有佛性”的思想。〔7〕幡：长方而下垂的旗子。原为武人在战场上用以统领军旅、显扬军威之物，佛教则取之以显示佛菩萨降魔之威德，与“幢”同为佛菩萨之庄严供具。幡之形状，一般是由三角形的幡头、长方形的幡身、置于幡身左右的幡手及翻身下方的幡足构成，有大有小。幡通常是布制，然亦有金铜制、杂玉制、纸制等类。〔8〕仁者：乃对人之敬称，或单称仁。〔9〕付嘱：原为付托、寄托之意。在佛经中，被引申为佛陀托付弘法布教的使命。禅宗常用以嘱托袈裟等物，并转而表示师父以佛法的奥义授予弟子，故“付嘱”乃成禅宗的传统用语。〔10〕禅定：禅与定之结合词。禅，为梵语禅那之略，译曰思惟修、静虑。定，为梵语三昧之译，心定止一境而离散动之义。禅与定皆为令心专注于某一对象，而达于不散乱的状态。〔11〕解脱：指由烦恼束缚中解放，而超脱迷苦之境地。以能超度迷妄之世界，故又称度脱；以得解脱，故称得脱。广义言之，摆脱世俗任何束缚，于宗教精神上感到自由，均可用以称之。佛教以涅槃与解脱表示实践之终极境地。〔12〕不二之法：独一无二之门法。不二，又作无二，离两边，指对一切现象应无分别，或超越各种区别。〔13〕高贵德王菩萨：具名光明遍照高贵德王菩萨。《涅槃经疏》十九曰：“光明遍照，论外化广。高贵德王，辨内行深。”〔14〕四重禁：

指比丘极严重之四种禁制，全称四重禁戒，略作四重，又作四重罪、四波罗夷罪。即：一、杀生；二、偷盗；三、邪淫；四、妄语。〔15〕五逆罪：即五重罪，即罪大恶极，极逆于理者，有大乘五逆、小乘五逆之分。小乘五逆（单五逆）指：害母、害父、害阿罗汉、恶心出佛身血、破僧等五者。大乘五逆（复五逆）即：破坏塔寺，烧毁经像，夺取三宝之物，或教唆他人行此等事，而心生欢喜；毁谤声闻、缘觉以及大乘法；妨碍出家人修行，或杀害出家人；范小乘五逆罪之一；主张所有皆无业报，而行十不善业或不畏后世果报，而教唆他人行十恶等。〔16〕一阐提：是不信佛法之义，即指断绝一切善根、无成佛之性、无法成佛者。〔17〕蕴之与界：即指五蕴与十八界。蕴，积聚的意思，五蕴，即类聚一切有为法之五种类别。一、色蕴，即一切色法之类聚；二、受蕴，苦、乐、舍、眼触等所生之诸受；三、想蕴，眼触等所生之诸想；四、行蕴，除色、受、想、识外之一切有为法，亦即意志与心之作用；五、识蕴，即眼识等诸识之各类聚。界，为种类、种族之义，十八界，即十八种类自性各别不同，又作十八持。即眼、耳、鼻、舌、身、意等六根（能发生认识之功能），及其所对之色、声、香、味、触、法等六境（为认识之对象），以及感官（六根）缘对境（六境）所生之眼、耳、鼻、舌、身、意等六识，合为十八种，称为十八界。〔18〕合掌：又作合十，即合并两掌，集中心思，而恭敬礼拜之意。本为印度自古所行之礼法，佛教沿用之。〔19〕某甲：可以指他人也可以指自己，这里指自己。〔20〕讲经：讲说经典。即公开宣讲、演说佛典之义理、内涵，有时，亦称有关佛法之专题演讲为讲经。举行讲经的场所，称为讲席、讲筵、讲肆、讲座等，讲说者称为讲师、讲主、讲士、讲匠。〔21〕剃发：又作薙发、削发、祝发、落剃、落饰、落发、庄发，即出家皈依佛门时，剔除发、髭而成为僧、尼。此系佛弟子为去憍慢，且别于外道，或避免世俗之虚饰，而行剃发。〔22〕东山法门：指五祖弘忍禅师的法门，因五祖弘忍禅师住在蕲州黄梅之黄梅山，其山在县之东部，因而叫做东山。

禅宗四祖道信、五祖弘忍，都住在黄梅东山，引接学人。〔23〕累劫之缘：指积累许多劫所结下的缘分。劫，不可计算之长期年月，累劫，指累叠众多的劫量。

【译文】

“后来我来到了曹溪山，又被恶人追寻，于是就在四会这个地方避难，隐藏在猎人队中十五年。在这期间，我时常随机为猎人说法。猎人常令我守网，每当我看见禽兽落网被捕，便将它们统统放生。每到吃饭的时候，我就把蔬菜放在肉锅里煮熟了来吃，有人问起，就对他说：‘我只吃肉边的蔬菜。’有一天，我暗自在想：‘应当是出来弘扬佛法的时候了，不能永远隐遁下去。’于是我离开了猎人队伍，来到广州法性寺，遇上印宗法师正在讲《涅槃经》。当时有一阵风吹来，旗幡随风飘动，一个僧人说这是‘风在动’，另外有一个僧人则说是‘幡旗在动’，两个人为此争论不休。我走上前向他们说：‘不是风动，也不是幡动，是诸位的心在动。’大众听到了，都十分惊异。

“印宗法师请我坐到上席，询问佛法奥义。他听我说法，言辞简洁，说理透彻，不拘泥于文言字句，于是问道：‘行者一定不是平常人！很早就听说黄梅五祖的衣法已经传到南方，莫非就是行者吗？’我说：‘不敢当！’于是印宗法师向我作礼，请我出示五祖传授的衣钵给大家看。印宗法师又再问说：‘黄梅五祖传付衣法时，有什么指示吗？’我说：‘指示是没有，只讲见性，不论禅定解脱。’印宗法师问：‘为什么不论禅定与解脱呢？’我说：‘因为修禅习定追求解脱，就有能求、所求二法，这就不是佛法；佛法是没有分别对待的不二之法。’印宗法师又问：‘什么是佛法的不二之法呢？’我说：‘法师讲的

《涅槃经》，阐明佛性就是佛法的不二之法。譬如高贵德王菩萨问佛陀说：犯四重禁，作五逆罪及不信佛法的一阐提，是否就永断善根佛性了呢？佛陀说：善根有二种，一是常，二是无常，佛性不是常也不是无常，因而说为不断，这就名为不二之法；五戒十善是善，五逆十恶是不善，佛性既不是善也不是不善，因此名为不二之法。五蕴与十八界，凡夫俗子看到的是差别，有智慧的人通达事理，知道它的本性是无差别的，这无差别的本性就是佛性。’印宗法师听了我所说的法，心生欢喜，合掌恭敬地说：‘我给别人讲经，犹如瓦片石砾；仁者论述义理，犹如那精纯的真金。’于是为我剃除须发，并且愿意事奉我为师。我就在智药三藏手植的菩提树下开演东山顿教法门。我自从在东山得法以后，受尽辛苦，生命时刻处在危险之中。今天能够和刺史官僚及僧尼道俗相聚于此法会中，无非是多劫以来所结下的缘分成就的，也是过去供养诸佛菩萨，共同种下的善根，方能听闻这顿教得法的因缘。此顿教法门是过去的圣人所传下来的，并不是我一个人的聪明智能。愿意听闻古圣教法的，各自先让自己内心宁静下来，听完之后，各自去除疑惑，就和过去的圣人没什么区别了。”

所有人听完慧能大师的说法后，心生欢喜，礼拜之后退了出去。

般若品第二

【题解】

本品讲述慧能大师应大众要求宣讲般若大智慧。般若，梵语音译，意译为大智慧，指明见一切事物及道理的高深智慧。慧能还指出，一念开悟，众生是佛，一切佛法都在人自心之中，只要顿悟超越一切二元对立的真如本性，就会成佛。

次日，韦使君请益〔1〕。师升座，告大众曰："总净心念摩诃般若波罗蜜多〔2〕。"复云："善知识，菩提般若之智，世人本自有之，只缘心迷，不能自悟，须假大善知识，示导见性。当知愚人智人，佛性本无差别，只缘迷悟不同，所以有愚有智。吾今为说摩诃般若波罗蜜法，使汝等各得智慧。志心谛听，吾为汝说。善知识，世人终日口念般若，不识自性般若，犹如说食不饱，口但说空，万劫〔3〕不得见性，终无有益。善知识，摩诃般若波罗蜜是梵语〔4〕，此言大智慧到彼岸。此须心行〔5〕，不在口念。口念心不行，如幻如化，如露如电。口念心行，则心口相应。本性是佛，离性无别佛。"

【注释】

〔1〕请益：学人请师训诲的意思。在禅林中，多指学人受教后，

就尚未透彻明白的地方，再进一步请教的意思。本为《礼记》《论语》中的用语，即学人请示老师教诲的意思。佛教中指高僧大德对弟子讲法，先有所予，弟子复有所请教，称之为请益。〔2〕摩诃般若波罗密多：梵语。摩诃，是“大”的意思。般若，指大智慧之意。波罗密，即“到彼岸”。全译为大智慧度，意谓乘此大智慧之船则能由生死苦海渡到涅槃彼岸。〔3〕万劫：指经历世界之成坏一万次，即言时间极长。劫，是指分别世界成坏之时的量名，为古印度表示时间的最大单位。〔4〕梵语：又称天竺语，古印度之标准语，属印欧语族。古印度人认为自己所说的语言，乃是秉承大梵天王所说而来的，故称梵语。相对于一般民间所用之俗语，梵语又称雅语。〔5〕心行：心的运作，主要指心内的作用、活动、状态、变化，如自心之喜爱、喜好，心之对象，心之所用所及范围，心之志向、心愿、性向、决心等，于心所起之分别意识、妄想、计较等。

【译文】

第二天，韦刺史又来向慧能大师请求继续讲法，大师登上法座，对大众说：“大家先清净自心，一起来念摩诃般若波罗蜜多。”又说：“善知识，菩提智慧，世间众生本来人人都具有，只因一念蒙昧迷惑，不能自悟，必须借助大善知识的指导，才能见到自己的本性。大家应当知道，不论愚人或智人，他们的佛性本来是没有差别的，只是因为有迷和悟的不同，所以才有愚人和智人的差异。我现在为你们说‘摩诃般若波罗蜜’大法，让你们各自得以开发智慧。专心倾听！我为你们说：善知识，世人一天到晚口念般若，却不能认识自心本性中的般若智慧，就如同饥饿的人，只是念叨食物的名称是不能让自己的肚子饱起来的。如果整天只是口里说空，而不能实践，虽历万劫，也不能得见自性，终究无法受益。善知识，摩诃般若波罗蜜是印度语，翻译成中文就是用大智慧度到彼岸。这必须要从内心里去体认，不是只在口头上说。如果只是口说而心不行，那就如同梦幻泡影，如雾如电，转迅即逝，终归是空；如果口念而且心行，即能心口相应契合，这时清净的菩提自性就是人人本具的天真佛，离开自性之外并无别佛。”

“何名摩诃？摩诃是大。心量广大，犹如虚空[1]，无有边畔，亦无方圆大小，亦非青黄赤白，亦无上下长短，亦无嗔无喜，无是无非，无善无恶，无有头尾。诸佛刹土[2]，尽同虚空。世人妙性本空，无有一法可得。自性真空[3]，亦复如是。善知识，莫闻吾说空便即著空。第一莫著空，若空心静坐，即著无记空[4]。善知识，世界虚空，能含万物色像，日月星宿、山河大地、泉源溪涧、草木丛林、恶人善人、恶法善法、天堂[5]地狱[6]、一切大海、须弥诸山[7]，总在空中。世人性空，亦复如是。善知识，自性能含万法是大。万法在诸人性中，若见一切人恶之与善，尽皆不取不舍，亦不染著，心如虚空，名之为大。故曰摩诃。善知识，迷人口说，智者心行。又有迷人，空心静坐，百无所思，自称为大。此一辈人，不可与语，为邪见[8]故。

“善知识，心量广大，遍周法界[9]。用即了了分明，应用便知一切。一切即一，一即一切，去来自由，心体无滞，即是般若。善知识，一切般若智，皆从自性而生，不从外入，莫错用意，名为真性自用。一真一切真。心量大事[10]，不行小道[11]。口莫终日说空，心中不修此行。恰似凡人自称国王，终不可得，非吾弟子。”

【注释】

〔1〕虚空：指无边无际，变化无常，虚与空都是无的别名。虚无形质，空无障碍，故名虚空。佛教中往往以虚空譬喻广大无边，譬喻无变易的常性以及无碍、无分别、容受之义。　〔2〕刹土：指国土。刹，即梵语“差多罗”，意译为土田。　〔3〕真空：真正的空，超越一切现象的本体，真如之理体，远离一切迷情所见之相，杜绝“有”“空”之相对，故称真空。以其非假，故称真；以其离相，故称空。〔4〕无记空：于善不善皆不可记别的空。　〔5〕天堂：又作天宫，与“地狱”对称。指天众所住的宫殿，即善人死后，依其善业所至受福乐的处所。凡所处的地方，能有随心享乐的环境，皆可喻为天堂。〔6〕地狱：十法界中属于五趣六道之一。一般有十八种之分，也就是一般俗称的十八地狱，即八热地狱、八寒地狱、孤独地狱、近边地狱等十八个极苦的地方。凡所处的地方，只有苦受而没有喜乐的环境，皆可比喻为地狱。　〔7〕须弥诸山：佛教的宇宙观主张，宇宙是由无数个世界所构成，一千个世界称为一小千世界，一千个小千世界称为一中千世界，一千个中千世界称为一大千世界，合小千、中千、大千总称为三千大千世界，这就是一佛的化境。每一世界最下层是一层气，称为风轮；风轮之上为一层水，称为水轮；水轮之上为一层金，或谓硬石，称为金轮；金轮之上即为山、海洋、大洲等所成的大地；须弥山就是位于这个世界的中央。据《立世阿毗昙论·数量品》记载，以须弥山为中心，外围有八大山、八大海顺次环绕，整个世界的形相团圆，有如铜烛盘。　〔8〕邪见：不正的见解。主要是指拨无因果的见解，即否定因果的道理，而认为恶不足畏，善亦不足喜等，这就是邪见。凡是不合正法的外道之见都可叫做邪见。　〔9〕法界：为十八界之一。广义泛指有为、无为之一切诸法，意识所面对的一切事物，称为法界。法界又称法性、实相。法界之义有多种，以二义释之，一就事，一约理。就事而言，法者诸法也，界者种类各别之义。诸法各有自体，而分界不同故名法界。约理而言，法相华严之释意，指真如之

理性而谓之法界。〔10〕心量大事：指超越二元分别，开发大智慧，转迷开悟的大事。心量，指超越一切二元对立而无心自在的真如心量。大事，指转迷开悟之事。〔11〕小道：指空心静坐等。

【译文】

“什么叫做摩诃呢？摩诃的译义是‘大’，心性广大犹如虚空，没有边际，也没有方圆大小、青黄赤白、上下长短、瞋怒喜乐、是非善恶、头尾等对待分别。一切诸佛国土，都如同虚空一样。世人的灵妙自性本来是空，并无一法可得；诸法自性本来空寂，也是如此。善知识，不要听我说空，便又执著空。第一不要执著空！如果心里空无所有的静坐，这就是执著无记空。善知识，世界虚空，能含容万物的种种色像：日、月、星宿，山、河、大地，泉源、溪涧，草木、丛林，恶人、善人，恶法、善法，天堂、地狱，一切大海，须弥诸山，全都含藏在虚空之中。人类奥妙的本性从本质上讲就是空性，没有什么佛法可言。人的自性也是一样，本质上就是一尘不染的真空。善知识，自性能含藏万法，这就是大，万法就在每个人的自性之中。如果见到任何人，无论是善是恶，全都能不取不舍，也不染着，心境朗照如同虚空，就称之为大，所以梵语叫做摩诃。善知识，迷而不悟的人只是口说，悟了的智者则能心行。又有一类迷而未悟的人，死心静坐，什么也不想，自以为这就是大。这样的人不足以和他说‘摩诃般若’之法，因为他们已经落入了邪见的谬误中。

“善知识，心性本体非常广大，周遍整个法界，它是实相无相，然而发起功用时，却又非常清晰明了，应用就了知一切。一切法即一法，一法即一切法，来去自由，心体没有障碍，这就是般若。善知识，所有的般若智慧，都是从自性本心显生的，并不是从外面学来的，不要错用了心思。这就叫做真性自用，一法真即一切法皆真。心要用于开发真如自性，转迷为悟的大事，不要在空心静坐等小道上用功，更不要整天口中说空，而心中不修真空之行！这就好像一个平民百姓，自称自己是国王，终究不是真的事实，这种人不是我的弟子。”

“善知识，何名般若？般若者，唐言[1]智慧也。一切处所，一切时中，念念不愚，常行智慧，即是般若行。一念愚即般若绝，一念智即般若生。世人愚迷，不见般若。口说般若，心中常愚，常自言我修般若，念念说空，不识真空。般若无形相，智慧心即是。若作如是解，即名般若智。何名波罗蜜？此是西国语[2]，唐言到彼岸，解义离生灭。著境生灭起[3]，如水有波浪，即名为此岸。离境无生灭，如水常通流，即名为彼岸，故号波罗蜜。

“善知识，迷人口念，当念之时，有妄有非。念念若行，是名真性[4]。悟此法者，是般若法；修此行者，是般若行。不修即凡，一念修行，自身等佛。善知识，凡夫[5]即佛，烦恼[6]即菩提。前念迷，即凡夫；后念悟，即佛。前念著境，即烦恼；后念离境，即菩提。

“善知识，摩诃般若波罗蜜最尊最上最第一，无住[7]无往亦无来，三世诸佛[8]从中出。当用大智慧，打破五蕴烦恼尘劳[9]。如此修行，定成佛道，变三毒[10]为戒定慧[11]。

“善知识，我此法门[12]，从一般若生八万四千智慧。何以故？为世人有八万四千尘劳。若无尘劳，智慧常现，不离自性。悟此法者，即是无念[13]。无忆无著，不起诳妄，用自真如[14]性，以智慧观照，于一切法，不取不舍，即是见性成佛道。”

【注释】

〔1〕唐言：就是指汉语。　〔2〕西国语：即印度语，也即梵语。〔3〕著境生灭起：指由于人们执著一切外在现象孤立不变，产生行为、语言、思想方面的“错误”行动，继而引起生死轮回。境，指人的感觉和思维器官所感知和认识的对象，泛指一切认知对象。　〔4〕真性：不虚妄不变化之真实本性，乃人本具之心体。佛教主张人所具之真性与佛菩萨之真性本无二致。不妄叫真，不变叫性。　〔5〕凡夫：略称凡，指凡庸之人，迷惑事理和流转生死的平常人。就修行阶位而言，则未见四谛之理而凡庸识浅者，均称凡夫。　〔6〕烦恼：又作惑，指妨碍觉悟的一切精神活动。烦是扰义，恼是乱义，扰乱有情故名烦恼，使有情之身心发生恼、乱、烦、惑、污等精神作用之总称。一般以贪、嗔、痴三惑为一切烦恼之根源。　〔7〕无住：指无固定之实体；或指心不胶固在某一确定对象上，不失其自由流通的作用，又称不住。法无自性，无自性故，无所住着，随缘而生。住，意为住着之所。　〔8〕三世诸佛：三世为过去世、现在世、未来世。三世诸佛即过去、现在、未来等三世的所有觉悟之佛，统称全宇宙中之诸佛。又作一切诸佛、十方佛、三世佛。在佛教成立的当时，释迦牟尼称为现在佛，在释迦牟尼佛以前的一切佛称为过去佛，在释迦牟尼以后成佛的称为未来佛。　〔9〕尘劳：为烦恼的异称。贪嗔等烦恼，能染污心，犹如尘垢能使身心劳惫，谓为尘劳。　〔10〕三毒：指贪欲、嗔恚、愚痴三种烦恼，又作三火、三垢。贪欲是贪爱五欲，嗔恚是嗔恚无忍，愚痴是愚痴无明，一切烦恼本通称为毒，然此三种烦恼，系毒害众生出世善心中之最甚者，故特称三毒，为根本烦恼之首。贪毒引

取无厌之心，嗔毒引起恚忿之心，痴毒引起迷暗之心。〔11〕戒定慧：指佛教三学，是对治三毒的方法。戒指防非止恶，能降伏贪爱心；定指息虑静缘，能降伏瞋恚心；慧指破恶证真，见性成佛，能降伏邪痴心。〔12〕法门：即佛法、教法。佛所说，而作为世间之准则者，称为法；此法既为众圣入道的通处，又为如来圣者游履之处，故称为门。〔13〕无念：即无妄念之意，正念的异名，指意识超越一切二元对立的忆想分别，而符合真如之念。〔14〕真如：真实而永远不变的本体，故称之为真如。真，真实不虚妄之意。如，不变其性之意，即指遍布于宇宙中真实的本体，为一切万有之根源。又作如如、如法、法界、法性、实际、实相、如来藏、法身、佛性、自性清净身、一心、不思议界。

【译文】

“善知识，什么叫做般若呢？梵语般若，中国话译作大智慧。在日常的任何地方，任何时候，如果能念念不糊涂愚痴，常运用智慧行事，这就是般若行。如果一念愚迷即失本明；一念正智，则般若智慧当下生起。世人愚迷，所以不能体会般若正智。虽然口说般若，心中却为愚迷所惑；虽然常常自己说我在修行般若，念念说空，却不认识真空的道理。般若没有形相可说，智慧心就是此无形无相而又不落断灭的般若实相。若能作如是理解，就称为般若智。什么叫做波罗蜜呢？这是印度话，汉语的意思是‘到彼岸’，从它的译义来解释，是超脱生灭。心若执著外境，就有生灭现起，如同水中波浪起伏不定，这就叫做此岸；心如果不攀缘外境的一切现象，好比流水经常畅通无碍，没有产生生灭，就叫做彼岸，所以称为波罗蜜多。

“善知识，迷而不悟的人只知道口念，但是念的时候，心中有妄念和是非之心。若能念念心行，才是真实不虚的真如法性。悟得这个法就是般若法，修持这种行的是般若行。不能如是修行，就是凡夫；若能一念悟修，自身当体即与佛平等无异。

“善知识，凡夫就是佛，烦恼就是菩提。前念迷惑，就是凡夫；后念觉悟，就是佛陀。前念执著于境界，就是烦恼；后念不攀缘执著境界，就是菩提。善知识，摩诃般若波罗蜜，是最尊贵、最高上、最第一的佛法，无住无往也无来，过去、现在、未来三世诸佛都是从般若法中出生。大家应当运用大智慧，打破五蕴烦恼尘劳。如是修行，必定能成就佛道，转变贪、瞋、痴三毒，成为戒、定、慧三学。

“善知识，我这个法门，从一实相般若能生出八万四千种智慧。为什么呢？因为世人有八万四千种烦恼尘劳。如果没有尘劳覆盖，般若智慧便能时常现起，念念不离菩提自性。悟得这个法门的人，自然没有妄念，没有思量、执著，不起诳妄颠倒，随缘应用真如自性，以般若智慧来观照事物，对于一切诸法不执著也不舍离，这就是明心见性，成就佛道。”

“善知识，若欲入甚深法界及般若三昧[1]者，须修般若行，持诵《金刚般若经》，即得见性。当知此经功德[2]，无量无边。经中分明赞叹，莫能具说。此法门是最上乘，为大智人说，为上根人说。小根小智人闻，心生不信。何以故？譬如天龙下雨于阎浮提[3]，城邑聚落，悉皆漂流，如漂枣叶。若雨大海，不增不减。若大乘人，若最上乘人，闻说《金刚经》，心开悟解，故知本性自有般若之智，自用智慧常观照，故不假文字。譬如雨水，不从天有，元是龙能兴致，令一切众生，一切草木，有情无情，悉皆蒙润，百川众流，却入大海，合为一体。众生本性般若之智，亦复如是。

“善知识，小根之人，闻此顿教，犹如草木。根性小者，若被大雨，悉皆自倒，不能增长。小根之人，亦复如是。元有般若之智，与大智人更无差别，因何闻法，不自开悟？缘邪见障〔4〕重，烦恼根深。犹如大云覆盖于日，不得风吹，日光不现。般若之智亦无大小。为一切众生，自心迷悟不同。迷心外见，修行觅佛，未悟自性，即是小根。若开悟顿教，不执外修，但于自心常起正见〔5〕，烦恼尘劳，常不能染，即是见性。

“善知识，内外不住，去来自由，能除执心，通达无碍，能修此行，与《般若经》〔6〕本无差别。”

【注释】

〔1〕般若三昧：得到一切大智慧的禅定功夫。 〔2〕功德：德，得也，修功有所得，故曰功德。意指功能福德，亦谓行善所获得果报。〔3〕阎浮提：原本系指印度之地，后则泛指人间世界，就是我们现在所住的婆娑世界。阎浮：是树的名称。提，是洲的意思。 〔4〕障：又作碍，全称障碍、覆蔽的意思，指障害涅槃、菩提，遮害出离的烦恼，是烦恼的异名。 〔5〕正见：正确的见解，体悟本心的见解。〔6〕《般若经》：佛教经典，主要阐述般若波罗密之空理。旧译《般若波罗蜜经》，新译为《般若波罗蜜多经》，有数十部。

【译文】

“善知识，如果想要深入研究体验佛法和般若正定的人，必须修持般若行，持诵《金刚般若波罗蜜经》，即能明白本心，见到自性。大家应当知道，这部《金刚经》有无量无边的功德，在经文里面已经很清楚地予以赞叹，不能一一细说。这般若顿教法门是最上乘法门，它是为具大智慧者和上等根器之人而宣说的；小根器，小智慧的人虽得听闻，心中却实难生出信心。为什么呢？就好比天龙在阎浮提降下大雨，城市村落都被雨水冲垮漂走，如同漂流的枣叶一样。如果雨是下在大海中，海水不见增加，也不见减少。大乘根性、最上乘根性的人，听闻他人说《金刚般若波罗蜜经》，就能领悟理解，知道本性里面自有般若智慧，这是经常运用智慧观照所得，而不是假借语言文字而成。譬如降雨，不是从天而有，原是龙能兴云致雨，让一切众生，一切草木、有情无情，统统蒙受润泽。一切河流注入大海中，与海水合为一体。众生本性中般若智慧也是如此。

“善知识，小根性的人听闻此顿教法门，犹如根浅枝弱的草木一样，根性小的，如果被大雨一淋，就会全部倒下，不能继续生长。小根性的人，听闻佛法的情形也是这样，他们原有的般若智慧，和大智慧的人并没有差别，为什么闻此顿教法门不能开悟呢？因为他们执著错误的见解，所知障重，烦恼习气根深蒂固，好像浓云遮蔽了日光，没有风来把云吹散，日光就不能透现出来。般若智慧，人人本来具足，没有大小之分，只因为一切众生自心有迷悟的不同所致。心有迷惑，向外求法，离心觅佛，不能悟见自性，这就是小根性的人。假如能体悟顿教法门，不执著向外修行，而在心中恒常现起般若正观，所有的烦恼尘劳总不能染污其心，这就是明心见性。

“善知识，对于内外境界都不执著，来去自由，能遣除执著的心，就能通达无我，没有障碍，能如此修行，便和《般若经》所说的没有差别。”

“善知识，一切修多罗[1]及诸文字、大小二乘[2]、十二部经[3]，皆因人置，因智慧性，方能建立。若无世人，一切万法，本自不有。故知万法本自人兴，一切经书，因人说有。缘其人中，有愚有智。愚为小人，智为大人。愚者问于智人，智者为愚人说法。愚人忽然悟解心开，即与智人无别。

“善知识，不悟即佛是众生。一念悟时，众生是佛。故知万法尽在自心，何不从自心中，顿见真如本性？《菩萨戒经》[4]云：‘我本元自性清净。若识自心见性，皆成佛道。’《净名经》[5]云：‘即时豁然，还得本心。’

“善知识，我于忍和尚处，一闻言下便悟，顿见真如本性。是以将此教法流行，令学道者，顿悟菩提，各自观心，自见本性。若自不悟，须觅大善知识，解最上乘法者[6]，直示正路。是善知识，有大因缘[7]，所谓化导令得见性。一切善法[8]，因善知识，能发起故。三世诸佛，十二部经，在人性中，本自具有。不能自悟，须求善知识，指示方见。若自悟者，不假外求。若一向执谓须他善知识，方得解脱者，无有是处。何以故？自心内有知识自悟。若起邪迷，妄念[9]颠倒，外善知识虽有教授，救不可得。若起真正般若观照，一刹那间，妄念俱灭。若识自性，一悟即至佛地[10]。

“善知识，智慧观照，内外明彻，识自本心。若识本心，即本解脱。若得解脱，即是般若三昧。般若三昧，即是无念。何名无念？若见一切法，心不染著，是为无念。用即遍一切处，亦不著一切处。但净本心，使六识[11]，出六门[12]，于六尘[13]中，无染无杂，来去自由，通用无滞，即是般若三昧，自在解脱，名无念行。若百物不思，当令念绝，即是法缚，即名边见[14]。善知识，悟无念法者，万法尽通。悟无念法者，见诸佛境界。悟无念法者，至佛地位。”

【注释】

〔1〕修多罗：梵文音译，又译契经。它是佛经中的长行直说，泛指佛教经典。 〔2〕大小二乘：佛教派别，一曰大乘，二曰小乘。大乘乃大人之乘，小乘乃小人之乘。大乘是菩萨的法门，救世利他为宗旨；小乘是声闻缘觉的法门，以修身自利为宗旨。若从经藏里的经本分之，四阿含等罗汉系经典为小乘，华严等菩提系经典为大乘。〔3〕十二部经：佛陀一生中所说佛法被记录下来，依其叙述形式与内容分成之十二种类，又作十二分数、十二分圣教、十二分经，乃指佛经体例上的十二种类别。在中国佛教中，十二部经泛指一切佛典。〔4〕菩萨戒经：佛教戒律书。姚秦罗什译《梵网经·菩萨心地戒品第十》，此经主要讲述大乘佛教的十重戒和四十八轻戒。 〔5〕净名经：《维摩诘经》的通称和异名。玄奘将《维摩诘经》译为《无垢称经》，玄奘以后则皆以《净名经》称之。 〔6〕解最上乘法者：指懂得禅宗最高教法明心见性的人。最上乘，即一佛乘，至极之教法。 〔7〕因缘：为因与缘之并称。因，指引生结果之直接内在原因。缘，指由外来相助之间接原因。凡一事一物之生，本身的因素叫做因，旁助的因素叫做缘。例如稻谷，种子为因，泥土、雨露、空气、阳光、肥料等为缘，由此种种因缘的和合而谷子得以生长。 〔8〕善法：为“恶法”之对称，指合乎于“善”的一切道理，即指五戒、十善、三学、六度。 〔9〕妄念：指虚妄的心念，即无明或迷妄状态下的念头。因

凡夫之迷心不知一切法无常无我的真实义，遍计构画颠倒而产生错误的思考。据大乘起信论载，妄念能搅动平等之真如海，而现出万象差别之波浪，若能远离，则得入觉悟之境界。〔10〕佛地：通教十地之第十位。谓第九地之菩萨最后顿断烦恼所知二障之习气而成道之位也，即达到成佛的地位。〔11〕六识：指眼、耳、鼻、舌、身、意等六种认识作用，即眼识、耳识、鼻识、舌识、身识、意识等。识、境、根三者必须同时存在。〔12〕六门：眼、耳、鼻、舌、身、意六根也叫六门。〔13〕六尘：指色尘、声尘、香尘、味尘、触尘、法尘等六境，又作外尘、六贼。众生以六识攀缘六境而遍污六根，能昏昧本体真性，故称为尘。此六尘在心意识之外，故称外尘。此六尘犹如盗贼，能劫夺一切善法，故称六贼。〔14〕边见：五见之一。偏于一边、不合中道、执断执常的见解名为边见。

【译文】

“善知识啊！一切契理契经的经典及文字，还有大乘与小乘佛法，以及十二部经，全是应众生之需要而施设的，同时也是因为众生的智慧根性深浅的不同，才建立起来的呀！若无世人，则一切万法根本就不会存在。由此可知，一切万法本是因人而生的，而佛所讲的一切经书，也是因人的需要才存在的。因为世人之中有愚有智，愚昧的称为小人，有智慧的称为大人。愚昧的人向有智慧的人请教，有智慧的人对愚昧的人说法。庸愚的人如果忽然领悟理解、心地开朗，就和有智慧的人没有差别。

“善知识，一念不觉悟，就是佛也成为众生；一念觉悟时，众生就是佛。所以我们可以知道，宇宙万法都在自心之中。那么为什么不从自己的心中直下见真如本性呢？《菩萨戒经》中说：‘我人的自性本来是清净无染的。若能识得自心，见到自性，都能够成就佛道。’《维摩诘经》中说：‘当下就豁然开悟，

反还到清净妙明的本心自性中。’

“善知识，我在弘忍和尚那里，一听闻他说法，言下即便开悟，顿时见到真如本性，所以将此顿教法门流传广布，让学道的人顿悟菩提，各自反观内照自心，见到自己的本性。如果自己不能领悟，必须寻访大善知识，也就是理解最上乘法的人，直接指示正路。这善知识有大事因缘，就是所谓教化示导，令众生得见自性，因为一切善法能够由善知识发起的原故。在人们的自性中，本来就具足三世诸佛、十二部经，如果愚迷而不能自悟，必须请求善知识的指示方能得见。如果能自己体悟本心自性的行者，就不需假借外在的善知识来求得开悟；如果执意以为一定要有其他善知识的指示才可望得解脱，那就错啦！为什么呢？众生自心内原有般若智慧可以自悟。如果另起邪见，迷自本心，颠倒妄想，心外的善知识虽然给予教导，也是无法得救。如果能够生起真正的般若观照，一刹那间，妄念就能完全熄灭；如果能识得自性，这一悟便可以直入佛的境地。

“善知识，用智慧观照，就能使内外光明澄彻，从而认识自己本来的真心。若识自本心，即会明了心性法性原本解脱，无需修证。若得解脱自在，即是入于般若正定。般若正定就是无念。什么叫做无念？对于所知所见的一切诸法，心不染着，即为无念。应用时能遍及一切处，却又不滞着于一切处。只要清净本心，使六识出六根门头，于六尘境中不起丝毫杂染妄念，出入来去自由自在，通畅自如，无滞无碍，这就是般若三昧，就是自在解脱，这就叫做无念行。如果一味执著什么都不去思考，刻意断绝心念，这就是法缚，也叫做边见。善知识啊！能够体悟无念法者，就能够通达万法；能够体悟无念法者，就能亲见诸佛境界；能够体悟无念法者，就能达到诸佛果位。”

“善知识，后代得吾法者，将此顿教[1]法门，于同见同行，发愿[2]受持[3]，如事佛故，终身而不退者，定入圣位[4]。然须传授，从上以来，默传[5]分付，不得匿其正法。若不同见同行，在别法[6]中，不得传付，损彼前人，究竟无益。恐愚人不解，谤此法门，百劫千生，断佛种性[7]。

“善知识，吾有一《无相[8]颂》，各须诵取。在家出家，但依此修。若不自修，惟记吾言，亦无有益。听吾颂曰：

说通[9]及心通[10]，如日处虚空。
唯传见性法，出世[11]破邪宗[12]。
法即无顿渐，迷悟有迟疾。
只此见性门，愚人不可悉。
说即虽万般，合理还归一。
烦恼暗宅中，常须生慧日。
邪来烦恼至，正来烦恼除。
邪正俱不用，清净至无余。
菩提本自性，起心即是妄。
净心在妄中，但正无三障[13]。
世人若修道，一切尽不妨。
常自见已过，与道即相当。
色类[14]自有道，各不相妨恼。
离道别觅道，终身不见道。

波波度一生，到头还自懊。

欲得见真道，行正即是道。

自若无道心，暗行不见道。

若真修道人，不见世间过。

若见他人非，自非却是左。

他非我不非，我非自有过。

但自却非心，打除烦恼破。

憎爱不关心，长伸两脚卧。

欲拟化他人，自须有方便。

勿令彼有疑，即是自性现。

佛法在世间，不离世间觉。

离世觅菩提，恰如求兔角。

正见名出世，邪见名世间。

邪正尽打却，菩提性宛然。

此颂是顿教，亦名大法船。

迷闻经累劫，悟则刹那间。”

师复曰：“今于大梵寺，说此顿教，普愿法界众生，言下见性成佛。”时韦使君与官僚道俗，闻师所说，无不省悟。一时作礼，皆叹：“善哉！何期岭南有佛出世！”

【注释】

〔1〕顿教：指慧能创立的主张“顿悟”的禅宗南宗。 〔2〕发愿：又作发大愿、发愿心、发志愿、发无上愿，发起誓愿的意思。〔3〕受持：指受者以信力领受于心，持者以念力忆而不忘。 〔4〕圣

位：三乘人证得菩提之果位，断尽见惑之初果圣者。〔5〕默传：即“默传心印”。禅宗师傅教导弟子不以言语或文字直言明示，而以心传心，令其自悟佛法奥义，见性成佛。〔6〕别法：指禅宗以外的派别。〔7〕断佛种性：断绝佛性，永远不能成佛。〔8〕无相：为“有相”的对称，即无形相的意思。于一切相，离一切相，即是无相。因为涅槃超离一切虚妄之相，所以无相也是涅槃的别名。〔9〕说通：指善于说法，以善巧方便随顺众生，契理契机。〔10〕心通：即宗通，指证悟自性，超越一切二元对立。〔11〕出世：此处指佛出现于世间。〔12〕邪宗：指不以见性为宗旨的宗派。〔13〕三障：三种障碍，又作三重障，指障碍圣道之烦恼障、业障、异熟障（果报障）。〔14〕色类：有各种物质形体的众生，一般指世间的一切人。

【译文】

“善知识，后代得到我这个法门的人，应该将这个顿教法门，与见解相同、心行相同的人共同发愿信受奉持，如同事奉佛陀。如果能够终生精进而不退转的人，必定能达到佛的境地。但这就要求传法人必须传授历代祖师默传吩咐下来的如实心印，千万不可昧于私心而匿法不传。若与禅门的见解不同，所修的法门也与禅门有别，则不可以将此顿教法们传授给他，因为怕他难以体会而竟毁谤历代祖师，对他自己也终无益利。有恐怕这些愚迷之人由于不能解悟，乃诽谤此顿教法门，反而招致极大业障，百劫千生难酬其罪，由此断了成佛的因缘。

“善知识，我有一首《无相颂》，你们每个人都必须要记诵，无论在家出家，只要依照这首无相颂去修行就好了。如果不能自己修行，只是记诵我的话，也是没有什么益处的。听我说偈：

说通及心通，如日处虚空。

唯传见性法，出世破邪宗。
法即无顿渐，迷悟有迟疾。
只此见性门，愚人不可悉。
说即虽万般，合理还归一。
烦恼暗宅中，常须生慧日。
邪来烦恼至，正来烦恼除。
邪正俱不用，清净至无余。
菩提本自性，起心即是妄。
净心在妄中，但正无三障。
世人若修道，一切尽不妨。
常自见己过，与道即相当。
色类自有道，各不相妨恼。
离道别觅道，终身不见道。
波波度一生，到头还自懊。
欲得见真道，行正即是道。
自若无道心，暗行不见道。
若真修道人，不见世间过。
若见他人非，自非却是左。
他非我不非，我非自有过。
但自却非心，打除烦恼破。
憎爱不关心，长伸两脚卧。
欲拟化他人，自须有方便。
勿令彼有疑，即是自性现。
佛法在世间，不离世间觉。
离世觅菩提，恰如求兔角。
正见名出世，邪见名世间。

邪正尽打却，菩提性宛然。

此颂是顿教，亦名大法船。

迷闻经累劫，悟则刹那间。”

六祖又说：“今天我在大梵寺说的这个顿教法门，普愿世间所有的众生，听了之后都能即时见性成佛。”当时，韦刺史与官僚、僧俗弟子听了六祖所说的法后，都有所省悟。于是大家同时向慧能大师顶礼，并且赞叹道：“太好了！想不到岭南有佛出世！”

疑问品第三

【题解】

本品通过韦刺史的疑问，阐述了功德的含义，慧能大师指出，怀有世俗功利目的的行为和举措，即使规模再大，也不是解脱层面的真功德，而是一种执著攀缘的求福行为。慧能大师还指出，心中自有净土，心净则佛土净，佛向性中作，莫向身外求，唯有见性才能成佛，念念见性则西方极乐世界就在眼前。

一日，韦刺史为师设大会斋[1]。斋讫，刺史请师升座，同官僚士庶[2]，肃容再拜，问曰："弟子闻和尚说法，实不可思议，今有少疑，愿大慈悲，特为解说。"师曰："有疑即问，吾当为说。"

韦公曰："和尚所说，可不是达摩大师宗旨乎?"师曰："是。"公曰："弟子闻达摩初化梁武帝[3]，帝问云：'朕一生造寺度僧，布施[4]设斋，有何功德?'达摩言：'实无功德。'弟子未达此理，愿和尚为说。"

【注释】

〔1〕大会斋：在大法会中兼用斋饭。　〔2〕士庶：士族和庶族。这里指广大信众。　〔3〕梁武帝（464—549）：南北朝时梁国的开国皇帝，兰陵（江苏武进）人，姓萧名衍，字叔达。在位期间，整修文

教，国势因之大盛。武帝一生精研佛教教理，固持戒律，四次舍身同泰寺，自讲《涅槃》《般若》《三慧》等经；著有《涅槃经》《大品经》《净名经》《三慧经》等义记数百卷。有“皇帝菩萨”的美称。

〔4〕布施：即以慈悲心而施福利于人的意思，原为佛陀劝导在家居士之行法。为六波罗密之一，再加上法施、无畏施二者，扩大布施之意义。亦即指施予他人以财物、体力、智慧等，为他人造福成智而求得累积功德，以致解脱的一种修行方法。

【译文】

有一天，韦刺史为慧能大师筹设大型的法会及斋宴。斋宴完毕后，韦刺史请慧能大师登上法座，然后和同僚及一般学士、平民等，整肃仪容，重新向六祖顶礼，启问说：“弟子听闻和尚所说的法，实在太微妙、太不可思议了。现在我心中有一些疑问，希望和尚能大慈悲，特别为我解说。”六祖说：“有什么疑惑就问吧，我会为你解说。”

韦刺史说：“和尚所说的法，难道不是达摩大师‘不立文字，教外别传，直指人心，见性成佛’的宗旨吗?”慧能大师说：“是的。”韦刺史说：“弟子听说达摩祖师初次化度梁武帝时，梁武帝问道：‘朕这一生广建寺庙，剃度众僧，而且还布施济贫，设斋施饭等，但不知有什么功德呢?’达摩说：‘实在没有任何功德。’弟子未能理解这个道理，祈愿和尚为我解说。”

师曰：“实无功德，勿疑先圣之言。武帝心邪，不知正法，造寺度僧，布施设斋，名为求福，不可将福便为功德。功德在法身中〔1〕，不在修福。”师又曰：“见性是功，平等是德。念念无滞，常见本性真实妙用，名为功德。内心谦下是功，外行于礼是德。自性建立万法是功，心体离念[2]是德。不离自性是功，应用无染是德。若觅功德法身，但依此作，是真功德。若修功德之人，心即不轻，常行普敬[3]，心常轻人，吾我不断即自无功；自性虚妄不实，即自无德，为吾我自大，常轻一切故。善知识，念念无间是功，心行平直是德。自修性是功，自修身是德。善知识，功德须自性内见，不是布施供养之所求也，是以福德与功德别，武帝不识其理，非我祖师有过。”

【注释】

〔1〕功德在法身中："法身"是梵文音译，指佛性，又称作真如、如来藏等，此句体现了禅宗对"功德"的新解释。 〔2〕心体离念：指心之本体离一切差别之相，超越一切语言文字，离念又可作无念解。〔3〕普敬：普遍尊敬，不轻视任何人。

【译文】

慧能大师说："确实是没有任何功德，你不要怀疑达摩祖师所说的话。武帝心中尚有邪见，并不知晓真正的佛法是什么。兴建寺院、引度僧众以及布施、设斋，这些都只能称为求取福报，不能将这种人天福报跟功德等同起来。功德只在法身本性当中，不是通过修习福报所能得到的。"慧能大师接着又说："见自本性是功，对任何事物都平等对待是德。念念通达无所滞碍，常能显现本性之真实妙用，这就叫做功德。内心常谦虚处下是功，一切行为悉合于礼是德。悟得自性能生万法是功，自心本体无生清净，于念而离念是德。一切时中不离自性是功，应用一切而无所染着是德。若要寻觅真正的功德法身，只要能按照上面说的去做，就是真功德。若真修功德之人，他的心中就不会轻视任何人，而是常以普遍尊敬的心态面对一切众生。假如心中常常轻视别人，那就是对‘我’的执著还没有了断，这样就无功德可言了；而自性虚妄，不达真实，自然也就无德可说，这都是因为我执太强，以己为大，所以才会常常轻慢一切。善知识，念念无间自见本性是功，持心平等直心道场是德。修而无修明见本性是功，自修法身真如理体是德。善知识，功德是从自身内显现，而不是从布施供养中求取的，所以说福德与功德是有差别的。梁武帝自己不明白真实功德的道理，并不是我们祖师的说法有过失。”

刺史又问曰：“弟子常见僧俗念‘阿弥陀佛[1]’，愿生西方[2]。请和尚说，得生彼否？愿为破疑。”师言：“使君善听，慧能与说。世尊在舍卫城中，说西方引化，经文分明，去此不远。若论相说里数有十万八千，即身中十恶[3]八邪[4]，便是说远。说远，为其下根；说近，为其上智。人有两种，法无两般；迷悟有殊，见有迟疾。迷人念佛，求生于彼；悟人自净其心。所以佛言：‘随其心净，即佛土净[5]。’使君东方人，但心净即无罪；虽西方人，心不净亦有愆[6]。东方人造罪，念佛求生西方。西方人造罪，念佛求生何国？凡愚不了自性，不识身中净土，愿东愿西，悟人在处一般。所以佛言：‘随所住处恒安乐。’使君心地，但无不善，西方去此不遥；若怀不善之心，念佛往生[7]难到。

“今劝善知识，先除十恶，即行十万；后除八邪，乃过八千。念念见性，常行平直，到如弹指，便睹弥陀[8]。使君但行十善〔9〕，何须更愿往生？不断十恶之心，何佛即来迎请？若悟无生顿法，见西方只在刹那；不悟，念佛求生，路遥如何得达？慧能与诸人移西方如刹那间，目前便见，各愿见否？”

众皆顶礼〔10〕云：“若此处见，何须更愿往生？愿和尚慈悲，便现西方，普令得见。”

【注释】

〔1〕阿弥陀佛：意译无量寿佛，是西方极乐世界的教主。此佛光明无量，寿命无量，故称阿弥陀佛。　〔2〕西方：又称西方极乐净土，略称西方，即阿弥陀佛所居住的极乐净土，指西方极乐世界。〔3〕十恶：指身口意十种恶的行为，即，一、杀生；二、偷盗；三、邪淫；四、妄语；五、两舌，即说离间语、破语；六、恶口，即恶语、恶骂；七、绮语，即杂秽语、非应语、散语、无义语者；八贪欲，即贪爱、贪取、悭贪；九、嗔恚；十、愚痴。　〔4〕八邪：即反于八正道者。一邪见、二邪思惟、三邪语、四邪业、五邪命、六邪方便、七邪念、八邪定。　〔5〕随其心净即佛土净：出自《维摩诘经·佛国品》，只要心地清净宁静便是佛国净土。　〔6〕愆：罪过。　〔7〕往生：谓命终时生于他方世界。往弥陀如来的极乐净土，谓之往；化生于彼土莲花中，谓之生。通常又以“往生”为“死”之代用词。〔8〕便睹弥陀：是往生西方极乐世界的象征。　〔9〕十善：即十善业，与十恶相反，乃身、口、意三业中所行之十种善行为。反之，身口意所行之十种恶性为，称为十恶；远离十恶，不犯十恶，则谓之十善。　〔10〕顶礼：即两膝、两肘及头着地，以头顶敬礼，承接所礼者双足。向佛像行礼，舒二掌过额、承空，以示接佛足。又叫做头顶礼敬、头面礼足、头面礼。其义同于五体投地、接足礼。印度最上之敬礼，以我所高者为顶，彼所卑者为足；以我所尊，敬彼所卑者。

【译文】

韦刺史又问："弟子常见一些出家人及在家人，称念'阿弥陀佛'的名号，发愿往生西方极乐世界。请和尚开示，是否真的能够往生到那里去呢？祈愿大师能够为我破除心中的疑惑。"慧能大师开示道："韦使君啊，你要好好地听，我为你解说吧！世尊在中印度的舍卫城中，无问自说西方引化的经文，其中已经很清楚地指明西方净土离我们所处的娑婆世界不远。倘若依距离相隔的远近来说，有十万八千亿佛刹；其实十万八千亿佛刹乃象征吾人心中的十恶八邪，由此说西方离我们很远。说远实际上是针对根器下略的人而言，说近则是就上根利智人而言。人虽有智愚之别，法实无高下之分；只由于迷跟悟有不同，所以在见净土上就有快慢之区分。迷昧之人是一心念佛想求生西方极乐世界，而觉悟之人却不断净化自己的心灵。所以佛说：'随着自心的清净，自然也就佛土清净。'韦使君啊！此东方娑婆世界的众生，只要自心清净，就无罪可言；反过来说，即使是西方极乐世界的人，如果其心不净，也是一样有罪过。东方人造了罪业，可以靠念佛求生西方极乐世界；可如果西方人造罪，又要念佛往生何国呢？凡夫愚迷之人，不明了自性本心，不能识取自身中的清净国土，一会儿愿生东方净土，一会儿又求生西方极乐；而对顿见本性的人来说，在什么地方都是一样的清净佛刹。所以佛说：'无论在什么处所都是恒常安详而又和乐的。'韦使君，只要心中没有不善的念头，西方极乐就离我们不远；如果心中怀着不善之心念，那么即使念佛以求往生，也是难以到达的。

"现在我要奉劝各位善知识，首先除去心中十恶，就等于过了十万亿佛土；然后再铲除八邪，就是过了八千亿佛刹。若能前念、今念、后念，念念自见真如本性；一切心行恒常平直无扭曲，那么西方极乐世界弹指即到，即可亲见阿弥陀佛清净法身。韦使君，只要心行十善，又何必在发愿往生呢？假如不断绝十恶之心，又会有什么佛即来接引呢？若能体悟无生法忍之顿教法门，则见西方极乐世界只在刹那间；如果不能悟见本性而只知念佛求生，路途如此遥远，又如何才能到达呢？慧能现在要替诸位于刹那间将西方极乐世界移到眼前，你们愿意见吗？”

大众一起向慧能顶礼并说道：“假若在这个地方就能亲见极乐世界，那又何必再发愿往生呢？乞望和尚慈悲为怀，现在就展现西方净土，让我们都能见到吧！”

师言：“大众，世人自色身[1]是城，眼耳鼻舌是门。外有五门，内有意门。心是地，性是王，王居心地上。性在，王在；性去，王无。性在，身心存；性去，身心坏。佛向性中作，莫向身外求。自性迷，即是众生；自性觉，即是佛。慈悲，即是观音；喜舍，名为势至。能净，即释迦；平直，即弥陀。人我是须弥[2]，邪心是海水，烦恼是波浪，毒害是恶龙，虚妄是鬼神，尘劳是鱼鳖，贪嗔是地狱，愚痴是畜生。

“善知识，常行十善，天堂便至。除人我，须弥倒；去邪心，海水竭；烦恼无，波浪灭；毒害忘，鱼龙绝。自心地上，觉性如来，放大光明，外照六门清净，能破六欲诸天[3]。自性内照，三毒即除，地狱等罪，一时消灭，内外明彻，不异西方。不作此修，如何到彼？”

大众闻说，了然见性，悉皆礼拜，俱叹善哉！唱言：“普愿法界众生，闻者一时悟解。”

【注释】

〔1〕色身：指有形质之身，即肉身。由地水火风四大及色身香味触五尘等色法所组成的肉身，反之，无形者称为法身，或智身。〔2〕人我是须弥：人我，指执著人为实有，佛教认为世人由于自我的“我执”、“法执”，造下了须弥山一般高的罪业，“人我是须弥”就是指人我之执犹如高山障碍佛法正道。 〔3〕六欲诸天：狱界有六重天，谓之六欲天，包括，一、四王天（有持国、广目、增长、多闻四王，故名四王天）；二、忉利天；三、夜摩天；四、兜率天；五、乐变化天；六、他化自在天。

【译文】

慧能大师说：“诸位，世人自己的身体就像一座城堡，眼耳鼻舌身好比城门。外有眼耳鼻舌身五门，里面还有一道意门。心好比是城堡中的土地，性则是城堡中的国王，国王居住在心地上。性在国王就在；性离开了，国王也就没有了。性在，身心就存在；性去了，身心也随着毁坏。要成佛只能从自性中体悟，不要向身外驰求。自性被无明遮障就称为众生，自性觉了就称为是佛。拔众生苦与众生乐就是观音，法喜无量行广大施就是大势至，自净其心见自本性就是释迦，纯一直心不动道场就是弥陀。反过来说，人见、我见就如须弥山；邪心好比大海水，也就是生死苦海；烦恼就是海水中的波浪，一刻也不停息；毒害之心犹如大海中的恶龙，总是伺机残害众生的慧命；虚妄之心则像鬼神般地出没无定；攀援六尘的心犹如鱼鳖似地穿梭不停；只要有贪嗔之念，就是地狱存在的根由；而愚痴之心不灭，就是畜生到发起的正因。

“善知识，时常奉行十善，天堂就在眼前；铲除心中的人我执著，须弥山当下就会倾倒；去掉邪恶之心，生死苦海之水随之枯竭；若明白烦恼了不可得，识性大海也就风平浪静；毒害之念寂灭，伺机作恶的鱼龙也就跟着绝迹。从自己的心地上觉知佛性如来，本性自然就大放光明；外照六门虽入六尘而无染清净，能摧破六欲诸天一切执著而了无滞碍。若能用自性之光向内心反照，贪嗔痴三毒就会被连根铲除，地狱等罪也就烟消云散。这样心境内外光明透彻，不异于西方极乐世界。不做这样的修行，又怎能到达西方极乐世界呢？”

众人听了六祖的话后，当下都见到了自己的本性。于是向六祖行礼敬拜，同声赞叹说：“太好了。”齐声唱道：“希望一切众生，凡听到的人都能领悟微妙的佛法。”

师言：“善知识，若欲修行，在家亦得，不由在寺。在家能行，如东方人心善。在寺不修，如西方人心恶，但心清净，即是自性西方。”韦公又问：“在家如何修行？愿为教授！”

师言：“吾与大众说《无相颂》，但依此修，常与吾同处无别。若不作此修，剃发出家，于道何益？颂曰：

心平何劳持戒[1]？行直何用修禅？
恩则孝养父母，义则上下相怜。
让则尊卑和睦，忍则众恶无喧。
若能钻木出火，淤泥定生红莲。

苦口的是良药，逆耳必是忠言。

改过必生智慧，护短心内非贤。

日用常行饶益[2]，成道非由施钱。

菩提只向心觅，何劳向外求玄？

听说依此修行，天堂只在目前。”

师复曰：“善知识，总须依偈修行，见取自性，直成佛道。时不相待，众人且散，吾归曹溪。众若有疑，却来相问。”

时，刺史官僚，在会善男信女，各得开悟，信受奉行。

【注释】

〔1〕持戒：六度之一，即护持戒法的意思，与“破戒”相对称。

〔2〕饶益：富裕、丰足之意，文中指多给予别人法益的意思。

【译文】

慧能大师说：“善知识，要想修行，在家也是一样可以的，不一定要在寺庙。在家能够如实修行，就像东方娑婆世界的人心行纯善。出家之后不修行，犹如西方极乐世界的人心存恶念。只要心地清静，就是自性西方！”韦使君又问：“在家如何修行呢？愿大师教导我们。”

慧能大师说：“我为你们说一首《无相颂》，只要能依此修行，就如常跟我在一起没有区别。假如不依此而修，就算剃发出家，对于修菩提大道又有什么好处呢？偈颂是这样的：

心平何劳持戒？行直何用修禅？

恩则孝养父母，义则上下相怜。

让则尊卑和睦，忍则众恶无喧。

若能钻木出火，淤泥定生红莲。

苦口的是良药，逆耳必是忠言。

改过必生智慧，护短心内非贤。

日用常行饶益，成道非由施钱。

菩提只向心觅，何劳向外求玄？

听说依此修行，天堂只在目前。”

慧能大师接着又说：“善知识，你们都须依此偈去修行，如此则顿见本性，直入佛道。佛法重在修持，不在空等。大家暂且散去吧！我也要返回曹溪。众位如果有疑问，可来曹溪相问。”

这时，韦使君与官员们，以及参与法会的善男信女，个个都有所领悟，欢喜信受，依教奉行。

定慧品第四

【题解】

本品慧能大师讲述了南宗禅法的定慧法门。他指出，定慧一体，体用一如，“定是慧体，慧是定用”，修行时不可定慧两分，偏执一端。他还阐述了“无念为宗、无相为体、无住为本”的修行方法，倡导于一切行住坐卧，常行一直心，在生活中修禅，在修禅中生活，自识本心，自见本性。

师示众云：“善知识，我此法门，以定慧为本。大众勿迷，言定慧别，定慧一体，不是二。定是慧体，慧是定用，即慧之时定在慧，即定之时慧在定。若识此义，即是定慧等学。诸学道人，莫言先定发慧，先慧发定各别。作此见者，法有二相，口说善语，心中不善，空有定慧，定慧不等。若心口俱善，内外一如，定慧即等。自悟修行，不在于诤；若诤先后，即同迷人。不断胜负，却增我法，不离四相〔1〕。

“善知识，定慧犹如何等？犹如灯光。有灯即光，无灯即暗；灯是光之体，光是灯之用。名虽有二，体本同一。此定慧法，亦复如是。”

【注释】

〔1〕四相：指众生对个体身心所执著的四种相，即我相、人相、

众生相、寿者相。简单来说，有我执，认为有一个独立不变的我存在，就是我相；这个我，认为生在人道，而不是其他道，就是人相；对别人，认为众生是依五蕴而有，或还有众生可度，这就是众生相；认为人、我、众生，从生至死还有寿命的长短，这就是寿者相。有四相，就无法证到般若空性。

【译文】

慧能大师向大众开示说："善知识，我这直指人心的顿教法门，是以定、慧作为根本的。大家不要迷惑，不要一听定、慧，就认为这定、慧是两种不同的东西，其实定、慧是一体的，而不是两个。禅定是智慧的本体，智慧是禅定的妙用，在运用智慧时禅定存在于智慧中，而在修禅定时智慧就存在于禅定。若能了解这个道理，就是定慧一体均等的解脱知见了。诸位修学佛道的人，你们不要认为先有定功然后才能生出智慧，或者先有智慧才能得禅定，而将定、慧区别开来。作这种见解的人，于法就会有两种分别相。口中虽说善语，心中却存不善之心，空有定慧的假名，实际上定慧却不能平等修持。反过来说，假如能够彻见自性，心口俱善，内外安住真如，则定慧即得等持。此法贵在自己明悟自己修行，不在见地上起诸争执。若与人起争执，就会同愚迷之人一样，不能了断胜负高下之心，徒增法、我二种执著，终究不能超越四相的缠缚。

"善知识，定慧好比什么呢？就好比灯与光。有灯就有光明，无灯就陷入黑暗；灯是光的本体，光则是灯所发挥的作用。灯与光虽然有两种名称，然而其本体却是一而非二。上面所说的定慧法也是这样的。"

师示众云："善知识，一行三昧者[1]，于一切处，行、住、坐、卧，常行一直心是也。《净名经》云：‘直心是道场[2]，直心是净土[3]。’莫心行谄曲[4]，口但说直，口说一行三昧，不行直心。但行直心，于一切法，勿有执著。迷人著法相[5]，执一行三昧，直言常坐不动，妄不起心，即是一行三昧。作此解者，即同无情，却是障道因缘。

“善知识，道须通流，何以却滞？心不住法，道即通流；心若住法，名为自缚。若言常坐不动是，只如舍利弗[6]宴坐[7]林中，却被维摩诘[8]诃。善知识，又有人教坐，看心观静，不动不起，从此置功，迷人不会，便执成颠[9]，如此者众。如是相教，故知大错！”

【注释】

〔1〕一行三昧：从理上来看，指行坐住卧都超然物外，内心充满着智慧、定力，与实相相应。一行，就是行住坐卧，任何的状况，都保持实相的、智慧的心。三昧，又作三摩地、三摩提、三摩帝，意译为等持、定、正定、正受、定意、调直定、正心行处等，即将心定于一处或一境的一种安定状态。又一般俗语形容妙处、极致、蕴奥、诀窍等之时，皆以“三昧”称之，即套用佛教用语而转意，当然已与原义迥然有别，此处这个定，是有智慧的定，是真正解脱的定，不是强迫式的、压抑的定。也可称作一相三昧，或真如三昧。从事上来看，是一种实相念佛的教法。修习这种禅定时，要以法界（即真如、实相）为观想对象，专心念佛，即可以见到佛，离开心没有别的佛。神秀北宗禅倡导这种禅定，强调静坐安心。慧能反对守心看净，并对一行三昧作了新的解释。 〔2〕道场：指修习佛法、净化心灵的场所，因此道场可作为寺院的别名。又作菩提道场、菩提场，专指中印度菩提迦耶的菩提树下佛陀成道之处。这里指的是禅宗强调成就菩提动机的发

心、修行等。〔3〕净土：指清净功德所在的庄严的处所。全称清净土、清净国土、清净佛刹，又作净刹、净界、净国、净方、净域、净世界、净妙土、妙土、佛刹、佛国，是诸佛菩萨为度化一切众生，在因地发广大本愿力所成就者的。对此而言，众生居住之所，有烦恼污秽，故称秽土、秽国。〔4〕谄曲：谄媚不正。〔5〕法相：诸法所具本质之相状，或指其意义内容。与“法性”同义，又指真如、实相。〔6〕舍利弗：佛陀十大弟子之一。舍利弗归佛后，常随从佛陀，辅翼圣化，为诸弟子中之上首；复以聪明胜众，被誉为佛弟子中“智慧第一”。〔7〕宴坐：坐禅或静坐的意思。〔8〕维摩诘：菩萨名，略称维摩，为佛陀的在家弟子，乃中印度毗舍离城之长者。虽在俗尘，然精通大乘佛教教义，其修为高远，虽出家弟子犹有不能及者。〔9〕颠：通“癫”，精神错乱或行为放荡不羁。

【译文】

慧能大师向大众开示说：“善知识，所谓一行三昧，就是在任何地方，无论行、住、坐、卧等一切时中，都能直接运用本心就是了。《净名经》上说：‘直心就是菩提道场，直心就是清净佛刹。’不要心里充满谄曲之意，但口中却说是直心，口中尽管说的是一行三昧，而心中却不能行持。修道的人应当行直心，对一切法不要有任何执著。迷昧的人执著于法相，执著于一行三昧的名相，认为身体恒常盘坐保持不动，心中不生妄想念头，这样就是一行三昧。如果认同这种见解的话，人就如同没有生命的木石了，这样反而成了障碍修道的因缘了。

“善知识，菩提大道本来是通达流动的，可为什么又会有障碍滞塞呢？心不执著万法，菩提大道就自然畅顺流通；心若执著于万法，那就是为法所缚，背离于道了。假如认为常坐不动，心念不起，就算是一行三昧的话，那就会如舍利弗尊者在树林中静坐却被维摩大士所诃责一样。善知识，又有一种人，教人坐着去看自己的心，观察他的静相，身体一动也不动，长久不起座，从这里入手做功夫。愚迷之人不能体会修行要定慧等持的真实意义，就迷执成了颠倒见，像这样的人实在很多。如果这样去教人，实在是大错特错啊！”

师示众云：“善知识，本来正教无有顿渐[1]，人性[2]自有利钝。迷人渐修，悟人顿契，自识本心，自见本性，即无差别，所以立顿渐之假名。

“善知识，我此法门，从上以来，先立无念为宗，无相为体，无住为本。无相者，于相而离相；无念者，于念而无念；无住者，人之本性。于世间善恶好丑，乃至冤之与亲，言语触刺欺争之时，并将为空，不思酬害[3]，念念之中，不思前境。若前念、今念、后念，念念相续不断，名为系缚[4]。于诸法上，念念不住，即无缚也，此是以无住为本。

“善知识，外离一切相，名为无相。能离于相，即法体清净。此是以无相为体。

“善知识，于诸境上心不染，曰无念。于自念上常离诸境，不于境上生心。若只百物不思，念尽除却，一念绝即死，别处受生，是为大错，学道者思之！若不识法意，自错犹可，更劝他人，自迷不见，又谤佛经，所以立无念为宗。”

【注释】

〔1〕顿渐：即顿、渐二教。我国禅宗有南北之分，南方慧能系强调疾速直接证入般若实相，被称为“南顿”；北方神秀系主张循序渐进达到开悟，世称“北渐”。 〔2〕人性：在这里是指人的根性、习性，

不是指人的本性。　〔3〕酬害：报答与伤害，即报复。酬是报答的意思。　〔4〕系缚：又作结缚、拘束之意，指众生之身心为烦恼、妄想或外界事物所束缚而失去自由，这种扰乱身心有碍解脱的精神活动导致众生长时间流转于生死之中。是烦恼的别名，因烦恼如绳子能系缚身心，使人不得自在。

【译文】

慧能大师向大众开示说："善知识，本来真正的佛教，并没有顿教、渐教之区别，只是人的根性却有利根和钝根的不同。愚迷之人需要渐次修起，悟性猛利的人则当下顿契本性。其实不管渐修或顿契，一旦自识本心，自见本性，就毫无差别了。所以顿教、渐教只是权且设立的假名方便而已。

"善知识，我这顿教法门，从历代祖师相传到今天，一直都是先立无念为宗旨，无相为本体，无住为根本。所谓无相，就是指涵括一切相状而又能超离一切相；所谓无念，就是指生起心念而又没有对心念的执著；所谓无住，是指吾人心体自性本来就是这样。对于世间上相对的善恶、好丑以及冤亲等，还有在言语上的触犯、讽刺、欺骗、争论的时候，都要把它当作梦幻空华一样，不去思量报恩或者是伤害，念念之中，不去思量、染着眼前的一切境相。假若前念、今念、后念，念念之中相续不断，染着六尘妄境，那就是心被系缚住了。如果在诸法上，念念都无所住着，那这个心就没有束缚而自由自在了，这就是无住为本。

"善知识，自性本心能超越脱离一切外在形相，因此称为无相。能离于一切相，则法体自然清净无染，这是宗门所讲的以无相为体。

"善知识，在一切的境相中自性本心永不浸染，称为无念。

于自心所流露的每一念上，都能远离一切境相，不于境上生起妄想。反过来说，若只是什么事情都不想，所有的念头都完全断尽，然而一切念头都断尽，就是死亡，又会转到别处投生，这种修法是完全错误的，修学佛道者，要好好地思考这个问题！若不了解顿教法门的修持本意，自己错了也就算了，还要误劝别人；自己因愚迷不见自性，又连带他人共谤佛经，所以禅宗为破外道邪迷乃立无念为其宗旨。”

“善知识，云何立无念为宗？只缘口说见性迷人，于境上有念，念上便起邪见，一切尘劳妄想，从此而生。自性本无一法可得，若有所得，妄说祸福，即是尘劳邪见。故此法门立无念为宗。

“善知识，无者，无何事？念者，念何物？无者，无二相，无诸尘劳之心。念者，念真如本性，真如即是念之体，念即是真如之用。真如自性起念，非眼耳鼻舌能念。真如有性，所以起念。真如若无，眼耳色声，当时即坏。

“善知识，真如自性起念，六根虽有见闻觉知，不染万境，而真性常自在。故经云：‘能善分别诸法相，于第一义[1]而不动。’”

【注释】

〔1〕第一义：义，即义谛，第一义谛又称圣义谛，与世俗谛相对，指深妙无上的真理，为诸法中之第一，以名究竟之真理，是为最上，故云第一。

【译文】

“善知识，为何要立无念作为宗旨呢？只因为口上说自己明见心性的愚迷之人，总是在境相上生起执著，因有执著便会生起邪知邪见，由此一切尘劳妄想，从此而生。其实自性本体并不是通过外在的什么手段获得的，若认为有什么法可得，妄说吉凶祸福，那就是世俗邪见了。所以此顿教法门立无念为宗旨。

“善知识，无者，无什么事呢？念者，念什么东西呢？无者，就是没有主客两种二元对立相，没有一切尘劳妄想；念者，也就是前念、今念、后念，念念即是真如本性，真如是念的本体，念是从真如本体上所发挥的妙用。因为有真如自性本体，所以才能生出念头，而不是眼耳鼻舌能生起念头。真如因有无穷妙用的自性，所以能够起念。假若没有真如本性，眼睛、耳朵等六种感觉器官的功能当下就会毁坏。

“善知识，真如的妙明自性随缘生起念头时，六种感觉器官虽有见闻觉知的功能，却能始终不浸染一切事物现象，而真如自性是永恒自在的。所以佛经上说：‘真如自性虽能正确认识和了知各种事物随缘显现的差异相，然而在第一义根本上，却始终是如如不动的。’”

坐禅品第五

【题解】

本品慧能大师解释了“坐禅”的问题，认为坐禅并不是守心看净，一味枯坐，不管世事，而是要在生活中对外不执著自我，对内不散乱，明见自性，成就佛道。

师示众云：“此门坐禅[1]，元[2]不著心[3]，亦不著净，亦不是不动。若言著心，心元是妄，知心如幻，故无所著也。若言著净，人性本净，由妄念故，盖覆真如，但无妄想，性自清净。起心著净，却生净妄，妄无处所，著者是妄。净无形相，却立净相，言是工夫，作此见者，障自本性，却被净缚[4]。

“善知识，若修不动者，但见一切人时，不见人之是非善恶过患，即是自性不动[5]。善知识，迷人身虽不动，开口便说他人是非长短好恶，与道违背。若著心著净，即障道也！”

【注释】

〔1〕坐禅：一般是指坐着修禅，即结跏趺坐，不起思虑分别，系心于某一对象，称为坐禅。在这里，慧能赋予了新意，坐禅并不限于静坐，而是指在生活中时时刻刻心不妄动，超越一切外在形象。〔2〕元：通“原”。　〔3〕著心：不执著心，此句是针对神秀禅法而

进行批判，指出在终极境界上，是无所住的。在有的版本中，“著”作“看”，指观想心。〔4〕净缚：指被所要观想的“净相”所束缚。〔5〕自性不动：指自体之本性是永远不会动摇的。诸法各自有不变不改之性，是名自性，这里指不从主观上分辨和计较是非曲直，超越一切二元对立。

【译文】

慧能大师告诉大众说：“我这个法门的坐禅，讲究不执著于心，不执著于清净，也不是常坐不动。因为如果说执著于心，心本来就是虚妄的；如果说执著于清静，人的本性原来就是清静的。世人只因为妄念的缘故，而遮盖自己本质中的真正如来佛性。只要没有妄想邪见，本性自然就是清静的。如果着意追求清静，反而会生出对清净的错误想法。邪妄的东西本来没有具体的规定，如果执著追求就是邪妄了。清静原本没有具体的形状相貌，而却要定出个清静的样子，说这便是学佛的功夫。持这种观点的人，障碍来自本性的迷误，因为执著于清净而反而受到束缚。

“善知识，宗门所指的‘修不动’，就是说在见到一切人的时候，能不分别他们的种种是非、善恶等过患，精神不被这些过患所扰乱，这才是自性如如不动的真实意义。善知识，愚迷之人虽然身体坐着不起不动，然而一旦开口说话，就总是评论他人之是非、长短、好恶，这与真正的修道刚好相违背。如果修行人执著于看心看净的工夫，那就都是障碍正道的啊！”

师示众云：“善知识，何名坐禅？此法门中，无障无碍，外于一切善恶境界，心念不起，名为坐；内见自性不动，名为禅。善知识，何名禅定？外离相〔1〕为禅，内不乱为定。

外若著相，内心即乱；外若离相，心即不乱。本性自净自定，只为见境思境即乱。若见诸境心不乱者，是真定也！

“善知识，外离相即禅，内不乱即定。外禅内定，是为禅定。菩萨戒经云：‘我本性元自清净。’善知识，于念念中，自见本性清净，自修自行，自成佛道。”

【注释】

〔1〕外离相：指自心对外在事物和现象都不执著，超越一切二元对立之相状。

【译文】

慧能大师告诉大家说：“善知识，什么叫做坐禅呢？在禅宗顿教法门中，自性不受任何阻碍，自由自在，对外在一切或善或恶的境界，心念都不会产生任何执著，这叫做坐；于内彻见自性清净，无动无摇，这叫做禅。善知识，什么叫做禅定呢？于外能离一切相对的善恶诸相为禅，于内安住平静不乱、如如不动的心体为定。如果染着一切外在的事物境相，内心就会杂乱不净。如能超越外在的一切事物相状，内心当下既得清净，不会杂乱。其实本性本自清净，本自常定，只为见到一切境界相时，产生执著妄想，心不断攀缘，自性即摇动而不复安宁。若见一切境相而心中始终能如如不动，这才是真定呀！

“善知识，能超越外在的各种相状就是禅，内心常能如如不动，就是定。外禅而内定，就称为禅定。《菩萨戒经》上说：‘我的本性，无始以来就是清净无染的。’善知识，你们应该在每一个念头中，明见本性的纯净空灵，并依此本性之光明澄澈来修习与实践体验，自然就能够成就佛道。”

忏悔品第六

【题解】

本品慧能大师为来山听法的四方士庶讲授“自性五分法身香”、“无相忏悔”、“自心四弘誓愿”、“无相三皈依戒”以及“一体三身自性佛”等佛法。所谓忏悔，指悔谢罪过以请求谅解。

时，大师见广韶[1]洎[2]四方士庶，骈集[3]山中听法，于是升座告众曰：“来，诸善知识，此事[4]须从自性中起。于一切时，念念自净其心，自修自行，见自己法身，见自心佛，自度自戒，始得不假到此。既从远来，一会于此，皆共有缘。今可各各胡跪[5]，先为传自性五分法身香[6]，次授无相忏悔[7]。”众胡跪。

师曰：“一、戒香，即自心中，无非、无恶、无嫉妒、无贪嗔、无劫害，名戒香。二、定香，即睹诸善恶境相，自心不乱，名定香。三、慧香，自心无碍，常以智慧，观照自性，不造诸恶。虽修众善，心不执著，敬上念下，矜恤孤贫，名慧香。四、解脱香，即自心无所攀缘[8]，不思善，不思恶，自在无碍，名解脱香。五、解脱知见香，自心既无所攀缘善恶，不可沉空守寂，即须广学多闻，识自本心，达诸佛理，和光接物，无我无人，直至菩提，真性不易，名解脱知见香。善知识，此香各自内熏[9]，莫向外觅。”

【注释】

〔1〕广韶：今广州和韶关。 〔2〕洎：意为来自。 〔3〕骈集：汇聚，集聚。 〔4〕此事：这里指明心见性顿悟解脱之事。 〔5〕胡跪：指胡人的跪地方法，又作胡踞。古时印度、西域地方总称为胡，胡跪乃指一般胡人跪拜的敬仪。 〔6〕五分法身香：以香比喻五分法身，指戒香、定香、慧香、解脱香、解脱知见香。这五分香，皆从自性上说，皆从功德上修，也就是从自证自性法身来成如如佛。〔7〕无相忏悔：禅宗主张不注重忏悔的形式和仪式，强调个人的心性明净，要求反观内照，称之为无相忏悔。忏，乃“忍”的意思，即请求他人忍罪。悔，追悔，悔过，即追悔过去之罪。 〔8〕攀缘：指心执著于某一对象的作用，攀取缘虑，心随外境而转的意思，如猿攀木枝，忽而在彼，忽而在此，谓之攀缘。 〔9〕内熏：亦作冥熏，“外熏”的对称。众生心中，皆有本觉之真如，用此本觉之真如熏习无明妄想，使心中生起厌恶生死痛苦的想法，而祈求涅槃之快乐，生起菩提心，此情形谓之内熏。至于佛菩萨的一切教法，以及行者自身的修行，都叫做外熏。

【译文】

当时，慧能大师看到从广州、韶州以及四面八方来的学士、平民，都汇集到山中想聆听佛法，于是开堂升座，向大众开示说：“来啊，善知识们，见性成佛这样的大事须从自性中下工夫做起。无论在任何时候，念念之中都能依本觉智慧来净化自心，念念之中都能自己修行，由此明见自己本具的心性法身，彻见自己本心之觉性如来，总之须自我度化，自得无上清净戒行，这样才不会白来一趟。既然你们都从远道而来，一同汇集在这里，说明大家都与佛有缘。现在可各自跪在蒲团上，我先为你们传授自性五分法身香，再传授无相忏悔。”于是，大众都肃然跪下来。

慧能大师说：“一、戒香，就是自心中无是非、无恶念、无嫉妒、无贪欲、无瞋恨、无偷盗、无劫害之念，叫做戒香。二、定香，就是见到一切或善或恶的境界相时，自性本体清净不散乱，称为定香。三、慧香，自性通达无碍，常以智慧光明反照自性，不造一切恶业。虽广修一切善法，而心中对善法没有产生执著，能恭敬长辈，体念晚辈，怜悯抚恤孤寡贫困的人，称为慧香。四、解脱香，自性心体清净宁静，对外面一切六尘境界不生攀缘之心，无所染着，既不思有善行可作，也不思有恶业可除，游戏自在，这叫做解脱香。五、解脱知见香，自性本心既不执著一切善恶诸相，也不可沉于空定或死守枯寂，必须广博地学习佛法，多听闻善知识的开示，以彻悟自己的本性，通达佛教真理，待人接物和光同尘，没有我相、人相两种执著，直至证得无上菩提，真如本性没有改变，叫做解脱知见香。善知识，这五种香大家需要向内心熏染，而不要向外寻求。”

“今与汝等授无相忏悔，灭三世[1]罪，令得三业[2]清净。善知识，各随我语，一时道：‘弟子等，从前念、今念及后念，念念不被愚迷染，从前所有恶业愚迷等罪，悉皆忏悔，愿一时消灭，永不复起。弟子等，从前念、今念及后念，念念不被骄诳[3]染，从前所有恶业骄诳等罪，悉皆忏悔，愿一时消灭，永不复起。弟子等，从前念、今念及后念，念念不被嫉妒染，从前所有恶业嫉妒等罪，悉皆忏悔，

愿一时消灭，永不复起。’

“善知识，已上是为无相忏悔。云何名忏？云何名悔？忏者，忏其前愆，从前所有恶业，愚迷、骄诳、嫉妒等罪，悉皆尽忏，永不复起，是名为忏。悔者，悔其后过，从今已后，所有恶业，愚迷、骄诳、嫉妒等罪，今已觉悟，悉皆永断，更不复作，是名为悔，故称忏悔。凡夫愚迷，只知忏其前愆，不知悔其后过。以不悔故，前愆不灭，后过又生。前愆既不灭，后过复又生，何名忏悔？”

【注释】

〔1〕三世：亦称三际，是过去世、现在世与未来世的总称，也可指过去、现在、未来。现在世与未来世合称为现当二世。〔2〕三业：指身业、口业、意业，有善业与恶业之分。身业即身之所作，如杀生、偷盗、邪淫、酗酒等恶业，不杀生、不偷盗、不邪淫、不酗酒等善业；口业即口之所语，如恶口、两舌、绮语、妄语等恶业，反之则是善业；意业即意之所思，如贪、嗔、痴等恶业，戒定慧等善业。〔3〕骄诳：骄慢自恃，欺诈骗人。

【译文】

“现在给你们传授无相忏悔，可灭三世罪业，使身口意三业得到清净。善知识，你们跟随着我一起称念：‘弟子等，从前念、今念及后念，念念之中，都不被愚痴迷惑所染污，以前所有一切恶业愚迷等罪过，全部都忏悔，希望当下消灭，永不再起。弟子等，从前念、今念及后念，念念之中，都不被骄慢诳骗所染污，从前所有恶业骄诳等罪，全部都忏悔，希望当下消灭，永不再起。弟子等，从前念、今念及后念，念念之中，

都不被嫉妒情绪所染污，从前所有嫉妒等罪业，全部都忏悔，愿当下消灭，永不再起。’

“善知识，以上所说的就是无相忏悔。什么叫做忏？什么叫做悔呢？忏者，就是坦白承认以前的所有罪过，详细地说，就是从前所造的一切恶业，诸如愚昧、迷惑、骄慢、诳骗、嫉妒等罪业，全部都坦白承认，下决心永远都不再重犯，这叫做忏；悔者，就是悔改以后的所有过失，详细地说，也就是从今以后，所有的恶业，诸如愚迷、骄诳、嫉妒等罪，现在已经觉知前非，就要下决心将它们永远降服断除，不再生起，这叫做悔，所以称为忏悔。凡夫因为愚迷无智，只知道坦白以前的罪业，却不知道反思悔改，提防以后不复再生起。由于不知悔过，所以以前的罪业还未得灭除，而以后的过失又不断产生。前罪既然没有灭除，后过又不断产生，这怎么能说是忏悔呢？”

“善知识，既忏悔已，与善知识发四弘誓愿[1]，各须用心正听：自心众生无边誓愿度，自心烦恼无边誓愿断，自性法门无尽誓愿学，自性佛道无上誓愿成。

“善知识，大家岂不道众生无边誓愿度？恁么道[2]，且不是慧能度。善知识，心中众生，所谓邪迷心、诳妄心、不善心、嫉妒心、恶毒心，如是等心，尽是众生，各须自性自度，是名真度。何名自性自度？即自心中邪见、烦恼、愚痴众生，将正见[3]度。既有正见，使般若智打破愚痴迷妄众生，各各自度。邪来正度，迷来悟度，愚来智度，恶来善度，如是度者，名为真度。

“又烦恼无边誓愿断，将自性般若智，除却虚妄思想心是也。又法门无尽誓愿学，须自见性，常行正法，是名真学。又无上佛道誓愿成，既常能下心，行于真正，离迷离觉，常生般若。除真除妄，即见佛性，即言下佛道成。常念修行，是愿力[4]法。”

【注释】

〔1〕四弘誓愿：一切菩萨在修行之初发心时，必发此四种广大之愿，故又称总愿。又作四弘愿、四弘愿行、四弘誓、四弘。有关四弘愿的内容与解释，散见于诸经论，然而各经所举颇有出入。中国佛教一般采用《六祖坛经》之说，即：一、众生无边誓愿度，谓菩萨誓愿救度一切众生。二、烦恼无尽誓愿断，谓菩萨誓愿断除一切烦恼。三、法门无量誓愿学，为菩萨誓愿学知一切佛法。四、佛道无上誓愿成，谓菩萨誓愿证得最高菩提。此四弘誓愿可配于苦、集、灭、道四谛。〔2〕恁么道：这样说。　〔3〕正见：如实认知世间与出世间的因果规律，体悟诸法真相，远离或有或无的邪见，而采用持平中正的见解。系八正道之一，十善之一，与“邪见”相对。　〔4〕愿力：指本愿的功能力用。又作本愿力、大愿业力、宿愿力、誓愿之力、本愿之力，指菩萨在因位所发本愿之力用至果位而显其功。

【译文】

“善知识，既然已忏悔完毕，就再与大家广发四弘誓愿。你们都要专心谛听：自心中的众生相有无量无边而誓愿将其度尽，自心中的烦恼相有无量无边而誓愿将其断尽，自性中所含藏的法门无量无边而誓愿广为修学，自性中本具无上佛道菩提而誓愿成就。

“善知识，大家原来不是都说众生无边誓愿度吗？这么说，并不是我慧能给大家来度。善知识，所谓心中众生，就是指邪迷心、狂妄心、不善心、嫉妒心、恶毒心等，这些心，都是属于自心中的众生相，各位必须要在自心中去加以度化，这样才叫做真度。什么叫做自性自度呢？也就是将自心中的邪见、烦恼、愚痴等众生，用般若正见去度化。既然已有了般若正见，当用般若智慧去打破种种愚痴迷妄，而使心中之众生相于自心中各得度脱。详细地说，以般若正见去度脱心中邪见，以觉悟去度脱心中执迷疑惑；当心中愚昧时，就以智慧光明去度化它；当心中起恶念时，就以善念来度化它。如此度化，才叫做真度。

“再者，所谓烦恼无边誓愿断，就是用自性本具的般若正智，来觉照熄灭心中的虚妄心念。另外，所谓法门无尽誓愿学，这就必须先自见性，而于自心本性中，常修行正法，广行六度，这才是真正的修学佛法。再者，所谓无上佛道誓愿成，就是常能居心谦下，行持佛法的真实中道，远离迷妄与觉悟的二元对立，常生般若如如智慧。只要破除了心中对真妄的微细执著，当下就能明见佛性，当下就能成就佛道。能念念修四弘誓愿，就是发挥四弘誓愿愿力的方法。”

“善知识，今发四弘愿了，更与善知识授无相三皈依戒[1]。善知识，皈依觉，两足尊[2]；皈依正，离欲尊；皈依净，众中尊。从今日起，称觉为师，更不皈依邪魔外道，以自性三宝[3]，常自证明。劝善知识，皈依自性三宝。佛者，觉也；法者，正也；僧者，净也。自心皈依觉，邪迷不生，少欲知足，能离财色，名两足尊。自心皈依正，念念无邪见，以无邪见故，即无人我贡高[4]贪爱执著，名离欲尊。

自心皈依净，一切尘劳爱欲境界，自性皆不染著，名众中尊。若修此行，是自皈依。

“凡夫不会，从日至夜，受三皈戒，若言皈依佛，佛在何处？若不见佛，凭何所皈？言却成妄。善知识，各自观察，莫错用心。经文分明言自皈依佛，不言皈依他佛。自佛不皈，无所依处。今既自悟，各须皈依自心三宝，内调心性，外敬他人，是自皈依也！”

【注释】

〔1〕无相三皈依戒：指不皈依和信奉外在的崇拜对象，超越一切外在形象，皈依自心。三皈依，又作三归、三自归、三自戒、趣三皈依，即归投、依靠三宝，并请求救护，以解脱一切苦厄，即指皈依佛、皈依法、皈依僧。“皈依”一词，含有救护、趣向、归属、依靠的意思。　〔2〕两足尊：佛的尊号，又作无上两足尊、二足尊。因佛具足三十二相、八十种好，成就尽智、无生智等无漏之无学法，及十力，四无谓等诸不共法，故此尊号有二义，即于天、人之中，所有两足生类中之最尊贵者。又以两足言喻戒定慧等功德，佛即具足此两足，而游行法界时空，自由自在，无所障碍。　〔3〕三宝：又作三尊，系指为佛教徒所尊敬供养之佛宝、法宝、僧宝等三宝。一切之佛，即佛宝；佛所说之法，即法宝；奉行佛所说之法的人，即僧宝。佛者觉知之义，法者法轨之义，僧者和合之义。　〔4〕贡高：傲慢自大，自认为高人一等。

【译文】

“善知识，现在已经发了四弘誓愿，再给诸位讲授无相三皈依戒。善知识，皈依觉，则福德智慧俱能满足，故称为两足尊；皈依正，则远离一切妄想贪执，故称为离欲尊；皈依净，则无染清净之本体自然显现，此清净体于一切中最尊无上，故称为众中尊。从今以后，各位都要以自性本觉为老师，更莫皈依邪魔外道，以我们本具的自性三宝，来作为每个人修行的验证。奉劝诸位善知识，当皈依自性本具之三宝。佛，就是觉；法，就是正；僧，就是净。自性本心若皈依觉，则邪念迷执自然不生，心中恒常少欲知足，而能远离一切财色名利，福德智慧也就趋于圆满，故称为两足尊。自性本心若皈依正，则念念即无一切邪见，因无邪见，也就没有人相、我相、贡高我慢心以及贪欲爱染等种种执著，所以称为离欲尊。自性本心若皈依净，则一切世间的尘劳、爱欲等境界，自性皆能无所染着，故称名众中尊。若能够如此修行，就是自皈依。

"凡夫愚迷不能体会三皈真意，所以就一天到晚，都在求受三皈戒。可如果说皈依佛，佛在什么地方呢？如果根本就见不到佛，凭什么说皈依佛呢？所以说皈依者，反成虚妄。善知识，你们应该各自观心体察，千万不要用错了心，经文上分明开示的是'自皈依佛'，而没有说'皈依他佛'。自心之佛若不皈依，那就没有可皈依的地方了。如今既然都已经体悟到了这种道理，那就要诸位各自去皈依你们的自心三宝觉、正、净，调适自己内在的心性，尊重外在的一切人，这才是自皈依！"

善知识，既皈依自三宝竟，各各志心，吾与说一体三身自性佛[1]，令汝等见三身，了然自悟自性。总随我道：于自色身，皈依清净法身佛[2]；于自色身，皈依圆满报身佛[3]；于自色身，皈依千百亿化身佛[4]。

"善知识，色身是舍宅，不可言皈。向者，三身佛在自性中，世人总有。为自心迷，不见内性，外觅三身如来，不见自身中有三身佛。汝等听说，今汝等于自身中，见自性有三身佛。此三身佛，从自性生，不从外得。

“何名清净法身佛？世人性本清净，万法从自性生。思量一切恶事，即生恶行；思量一切善事，即生善行。如是诸法，在自性中，如天常清，日月常明，为浮云盖覆，上明下暗，忽遇风吹云散，上下俱明，万象皆现。世人性常浮游，如彼天云。善知识，智如日，慧如月，智慧常明。于外著境，被妄念浮云盖覆，自性不得明朗。若遇善知识，闻真正法，自除迷妄，内外明彻，于自性中，万法皆现，见性之人，亦复如是，此名清净法身佛。

“善知识，自心皈依自性，是皈依真佛。自皈依者，除却自性中不善心、嫉妒心、谄曲心、吾我心、诳妄心、轻人心、慢他心、邪见心、贡高心，及一切时中不善之行，常自见己过，不说他人好恶，是自皈依。常须下心，普行恭敬，即是见性通达，更无滞碍，是自皈依。

“何名圆满报身？譬如一灯能除千年暗，一智能灭万年愚。莫思向前，已过不可得；常思于后，念念圆明。自见本性，善恶虽殊，本性无二。无二之性，名为实性，于实性中，不染善恶，此名圆满报身佛。自性起一念恶，灭万劫善因〔5〕；自性起一念善，得恒沙〔6〕恶尽。直至无上菩提，念念自见，不失本念，名为报身。

“何名千百亿化身？若不思万法，性本如空。一念思量，名为变化。思量恶事，化为地狱；思量善事，化为天堂；毒害化为龙蛇；慈悲化为菩萨；智慧化为上界[7]；愚痴化为下方[8]。自性变化甚多，迷人不能省觉，念念起恶，常行恶道，回一念善，智慧即生，此名自性化身佛。”

【注释】

〔1〕一体三身自性佛：指皈依自己色身内自性具足之法身、报身、化身等三身佛。三身，又作三身佛、三佛身，三位一体。 〔2〕法身佛：法性之体名法身，法性有觉知之德，故名佛。 〔3〕报身佛：指佛的果报身，三身之一。也就是初地菩萨修行时发心，至十地之行满足，酬报此等愿行之果身，称为报身。如阿弥陀佛、药师如来、卢舍那佛等，皆为报身佛。 〔4〕化身佛：三身之一，与报身、法身合称三身，又名应化身、变化身，为众生变化种种形的佛身。 〔5〕善因：即招感善果的业因。 〔6〕恒沙：即恒河之沙。恒河是印度大河，两岸多细沙，恒河沙粒至细，其量无法计算。诸经中凡形容无法计算之数，多以“恒河沙”一词为喻。 〔7〕上界：有两种意义，一是指无色界、色界等诸天，与欲界对称；一是指天上界，与“下界”对称，六道之一，包括无色界、色界、欲界等诸天。 〔8〕下方：指三涂，即地狱、饿鬼、畜生之三恶道。

【译文】

“善知识，既然已经皈依自性三宝了，现在请各位再专心谛听，我为你们再说一体三身自性佛，使你们都能够见到自性三身，觉悟自己的真如自性。请大家都跟随我念：就在自己的色身中，皈依清净法身佛；在自己的色身中，皈依圆满报身佛；在自己的色身中，皈依千百亿化身佛。

“善知识，肉体色身只是我们自己的住宅房屋，所以不值得皈依。刚才所说的法身、报身、化身这三身佛，都在我们的自性之中，世间上每个人都具有。只因自己的心性被无明所迷惑，不能见到内在的自性，而总是向外去寻觅三身佛，却看不见自性身中本来就具有的三身佛。你们听我说法，能使你们在自身中见到自性所具有的三身佛。这三身佛，是从自性中出生，并不是可以从外面寻得的。

“什么叫作清净法身佛呢？世人的心性本来清净无染，一切万法都由自性而生。如果心中思量一切恶事，会产生恶的行为；如果心中思量一切善事，就会产生善的行为。如此所有一切善恶诸法都在自性中，就好像天空本来常清，日月本来常明，只因为被浮云遮蔽而形成上明下暗的现象。忽然一阵风来，把浮云吹散，天空自然上下全明，森罗万象都会清楚地显现出来。世人的习性，经常浮游不定，就好像那天空的浮云。善知识，智就像是太阳，慧就像是月亮，智慧常如日月光明朗照。但是，如果向外滞着尘境，就会被妄念的浮云遮盖自性，智慧就不得明朗。如果能遇到善知识，听闻佛法真理，自能除去心中的迷执妄念，而内外光明澄澈，在自性中，万法自然一一显现，见性的人也是如此，这就叫清净法身佛。

“善知识，自心皈依自己本有的自性，就是皈依真佛。所谓自皈依，就是除去自性中的不善心、嫉妒心、谄曲心、吾我心、诳妄心、轻人心、慢他心、邪见心、贡高心，以及一切时中所有不善的行为，常常反省自己的过失，不说别人的好坏是非，这就是自皈依。常常怀抱谦下之心，对人都奉行恭敬，这就是见到自己的本性，通达无碍，这就叫做自皈依。

“什么叫做圆满报身呢？比如一盏灯能破除千年的黑暗，一种智慧能灭除万年的愚痴。不要经常回想以前的事，已经过去的事不可再恢复，要常思量以后的行为，念念圆明，自然能见到自心本性。善与恶虽然不同，但是本性并没有两样。这无二之性，就叫做实性，在实性中，不沾染善恶执著分别，这就叫做圆满报身佛。自性若起一念之恶，便能消灭万劫以来所修的善因；自性若起一念之善，便可灭尽多如恒河沙的恶业。从初发心一直到成就无上菩提，念念之间自见本性，不失正念，这就叫做报身。

“什么叫做千百亿化身呢？如果不思虑一切事物现象，自性本来就如虚空。如果有了一念的思虑，就有了变化。思虑恶事时，自心就能变化为地狱的境界；思量善事时，自心就能变化为天堂的境界；生起毒害之念时，自心就能变化为龙蛇的境界；生起慈悲之念时，自心就能变化为菩萨的境界；自性流露智慧时，自心就能变化为上界诸天的境界；自性迷执愚痴时，自心就能变化为下方三途的境界。自性的变化非常多，愚迷的人不能省察觉悟，念念生起恶心，所以经常在恶道中行走，如果能回转一念的善心，就能生出般若智慧，这就叫做自性化身佛。”

“善知识，法身本具，念念自性自见，即是报身佛；从报身思量，即是化身佛。自悟自修自性功德，是真皈依。皮肉是色身，色身是宅舍，不言皈依也。但悟自性三身，即识自性佛。

“吾有一《无相颂》，若能诵持，言下令汝积劫迷罪，一时消灭。颂曰：

迷人修福不修道，只言修福便是道。

布施供养福无边，心中三恶[1]元来造。

拟将修福欲灭罪，后世得福罪还在。

但向心中除罪缘，各自性中真忏悔。

忽悟大乘真忏悔，除邪行正即无罪。

学道常于自性观，即与诸佛同一类。

吾祖唯传此顿法，普愿见性同一体。

若欲当来觅法身，离诸法相心中洗。

努力自见莫悠悠，后念忽绝一世休。

若悟大乘得见性，虔恭合掌至心求。”

师言：“善知识，总须诵取，依此修行，言下见性，虽去吾千里，如常在吾边。于此言下不悟，即对面千里，何勤远来？珍重，好去！”

一众闻法，靡不开悟，欢喜奉行。

【注释】

〔1〕三恶：指人之贪、嗔、痴三种恶心。人有此三恶，难以教化。也指地狱、饿鬼、畜生等三恶道之略称。

【译文】

“善知识，法身本来人人具足，念念得见自性，就是报身佛；从报身上思量万法，发智起用，就是化身佛。能自己悟入、自己修行而圆满自性中本具的真实功德，这才是真正的皈依。皮肉就是色身，色身如同住宅，不可说是皈依这个处所。只要能了悟自性中本具三身佛，就是认识自性佛。

“我有一首《无相颂》，如果能读诵受持，就能使你们累劫多生以来因迷惑所造的罪业，在言下顿时消失灭尽。颂说：

迷人修福不修道，只言修福便是道。

布施供养福无边，心中三恶元来造。
拟将修福欲灭罪，后世得福罪还在。
但向心中除罪缘，各自性中真忏悔。
忽悟大乘真忏悔，除邪行正即无罪。
学道常于自性观，即与诸佛同一类。
吾祖唯传此顿法，普愿见性同一体。
若欲当来觅法身，离诸法相心中洗。
努力自见莫悠悠，后念忽绝一世休。
若悟大乘得见性，虔恭合掌至心求。”

慧能大师说：“善知识，大家都应该读诵记取，并且依照此颂修行。若能够于言下见自本性，虽然离我有千里之遥，也如同常在我的身边一样。如果听了以后不能有所觉悟，即使就在对面，也如同相隔千里，又何必辛苦远来求法呢？希望大家各自珍重，都好好回去吧！”

大众听闻了慧能大师的说法，无不心领神会，内心欢喜，信受奉行。

机缘品第七

【题解】

本品记述了慧能大师对僧法海、僧法达、僧智通、僧智常、僧志道以及行思禅师、怀让禅师、玄觉禅师、智隍禅者等一系列弟子的教化开示、机缘对话，阐述了禅宗的诸多思想旨趣。

师自黄梅得法，回至韶州曹侯村，人无知者。有儒士刘志略，礼遇甚厚。志略有姑为尼，名无尽藏，常诵《大涅槃经》。师暂听，即知妙义，遂为解说。尼乃执卷问字。师曰："字即不识，义即请问。"尼曰："字尚不识，焉能会义？"师曰："诸佛妙理，非关文字。"尼惊异之，遍告里中耆德[1]云："此是有道之士，宜请供养。"有魏武侯玄孙曹叔良及居民，竞来瞻礼。

时，宝林古寺，自隋末兵火已废，遂于故基，重建梵宇[2]，延师居之，俄成宝坊[3]。师住九月余日，又为恶党寻逐，师乃遁于前山，被其纵火焚草木，师隐身挨入石中得免。石今有师趺坐膝痕，及衣布之纹，因名"避难石"。师忆五祖怀会止藏之嘱，遂行隐于二邑焉。

【注释】

〔1〕耆德：年高德重者。古称六十岁的人为耆。　〔2〕梵宇：佛

寺的别称，即佛寺。〔3〕宝坊：寺院的美称。

【译文】

慧能大师自从在黄梅得到五祖授衣传法以后，来到韶州曹侯村，当时并没有人知道他的事。村中有一位儒士名叫刘志略，对大师非常尊敬，礼遇甚厚。刘志略有一位姑母是比丘尼，法名无尽藏，经常诵念《大般涅槃经》，大师一听，就知道经文中的妙义，于是就给她讲解说明。无尽藏比丘尼便向大师请教经文中的字。慧能说："字我是不认识的，但关于经义尽可以发问。"无尽藏比丘尼说："字尚且不认识，如何能够理解经文的意义呢?"慧能说："一切佛法的微妙道理，并不在于文字上。"无尽藏比丘尼听了非常惊讶，就到处去转告乡里年高德重的长者说："这是一位有道行的人，应当请来供养。"于是有魏武帝曹操的玄孙曹叔良以及当地居民，都争相前来瞻仰礼拜慧能大师。

那个时候，宝林古寺自从经过隋朝末年的战火兵灾，已经成为废墟。于是曹叔良等在原来的地基上重建庙宇，礼请慧能大师前往住持。不久，宝林寺就成了一座名刹。慧能大师在宝林寺住了九个多月，又被谋害他的恶党们寻至追杀，大师就隐避在寺前山中，后来恶人又放火焚烧前山的草木，慧能勉强将身体挤进大石头的缝隙中隐藏，才得免于被害。那块石头现在还留在六祖结跏趺坐的膝盖痕迹，以及所穿衣服的布纹，因此后人称此石头为"避难石"。慧能大师想起了五祖曾说的"逢怀则止，遇会则藏"的话，于是就在怀集、四会两县境内隐居下来。

僧法海，韶州曲江人也。初参祖师，问曰：“即心即佛，愿垂指谕。”师曰：“前念不生[1]即心，后念不灭即佛；成一切相即心[2]，离一切相即佛[3]。吾若具说，穷劫不尽，听吾偈曰：

即心名慧，即佛乃定；
定慧等持，意中清净。
悟此法门，由汝习性[4]；
用本无生，双修是正。”

法海言下大悟，以偈赞曰：

“即心元是佛，不悟而自屈；
我知定慧因，双修离诸物。”

【注释】

〔1〕前念不生：指前一个念头已经过去，不要再留念它，对自己的思维活动不要执著为实有。下文的“后念不灭”，指将要出现的念头任其出现，不必故意限制压抑自己的思维活动。念，指意念，又指刹那的时间。过去者称前念，相续者称后念。前念、后念指心在瞬间的变化。 〔2〕成一切相即心：就是说外在一切事物和现象都是心的派生物。相，形相或状态的意思；相对于性质、本体等而言，即指诸法之形象状态。 〔3〕离一切相即佛：自心不为外在的一切事物和现象所干扰就达到了明心见性的觉悟。 〔4〕习性：又名习种性，即以前研习所修成的性。

【译文】

僧人法海，唐朝韶州曲江县人，初次参礼六祖慧能大师时问道：“即心即佛是什么意思？祈求和尚慈悲为我解说。”慧能大师说："了知前念无生，当下就是心；后念不令断灭，当下就是佛；能成就一切相的是心，能远离一切相的是佛。这个问题，如果要我详细解说，纵使经过无量劫的时间也说不完。听我说偈：

即心名慧，即佛乃定；

定慧等持，意中清净。

悟此法门，由汝习性；

用本无生，双修是正。"

法海在慧能大师的开示下豁然大悟，于是以偈赞叹说：

"即心元是佛，不悟而自屈；

我知定慧因，双修离诸物。"

僧法达，洪洲人，七岁出家，常诵《法华经》[1]。来礼祖师，头不至地。祖诃曰："礼不投地，何如不礼？汝心中必有一物，蕴习何事耶？"曰："念《法华经》，已及三千部。"祖曰："汝若念至万部，得其经意，不以为胜，则与吾偕行。汝今负此事业，都不知过。听吾偈曰：

礼本折慢幢[2]，头奚不至地？

有我罪即生，亡功福无比。"

师又曰："汝名什么？"曰："法达。"师曰："汝名法达，何曾达法？"复说偈曰：

"汝今名法达，勤诵未休歇；

空诵但循声，明心号菩萨。

汝今有缘故，吾今为汝说；

但信佛无言，莲花从口发。"

达闻偈，悔谢曰：“而今而后，当谦恭一切。弟子诵《法华经》，未解经义，心常有疑，和尚智慧广大，愿略说经中义理。”师曰：“法达，法即甚达，汝心不达。经本无疑，汝心自疑。汝念此经，以何为宗？”达曰：“学人根性暗钝，从来但依文诵念，岂知宗趣？”师曰：“吾不识文字，汝试取经诵之一遍，吾当为汝解说。”

法达即高声念经，至《譬喻品》[3]，师曰：“止！此经元来以因缘出世[4]为宗，纵说多种譬喻，亦无越于此。何者因缘？经云：‘诸佛世尊，唯以一大事因缘故，出现于世。’一大事者，佛之知见也。世人外迷著相，内迷著空。若能于相离相，于空离空，即是内外不迷。若悟此法，一念心开，是为开佛知见[5]。佛，犹觉也。分为四门：开觉知见，示觉知见，悟觉知见，入觉知见。若闻开示，便能悟入，即觉知见，本来真性而得出现。

“汝慎勿错解经意，见他道开示悟入，自是佛之知见，我辈无分。若作此解，乃是谤经毁佛也。彼既是佛，已具知见，何用更开？汝今当信佛知见者，只汝自心，更无别佛。盖为一切众生，自蔽光明，贪爱尘境[6]，外缘内扰，甘受驱驰，便劳他世尊，从三昧起，种种苦口[7]，劝令寝息，莫向外求，与佛无二，故云开佛知见。吾亦劝一切人，于自心中，常开佛之知见。世人心邪，愚迷造罪，口善心恶，贪嗔嫉妒，谄佞我慢[8]，侵人害物，自开众生知见[9]。若能正心，常生智慧，观照自心，止恶行善，是自开佛之知见。汝须念念开佛知见，勿开众生知见。开佛知见，即是出世；

开众生知见，即是世间。汝若但劳劳执念，以为功课者，何异犛牛爱尾[10]？”

【注释】

〔1〕《法华经》：《妙法莲华经》的略称，共有二十八品。《经中法·师品》曰：“是法华经藏，深固幽远，无人能到。”《同安乐·行品》曰：“此法华经，诸佛如来秘密之藏，于诸经中最在其上。” 〔2〕礼本折慢幢（chuáng）：指礼本来就是用来消除傲慢心理的。慢，抬高自己，贬低别人。幢，又作宝幢、天幢、法幢，为旗之一种，用以庄严佛菩萨及道场。谓圆桶状者为幢，长片状者为幡。慢幢比喻骄傲高慢之心如说法时高耸之幢。 〔3〕《譬喻品》：《法华经》二十八品中之第三品，出于经的第二卷。 〔4〕出世：出世间的略称，即超越世俗、出离世尘、不受时空限制的意思，指诸佛出现于世间成佛，以教化众生；也指跳出世间不再受生死。 〔5〕开佛知见：《法华经·方便品》曰“开佛知见”，即指佛的真如空性大智慧。知见，指依自己的思虑分别而立的思想观念。与智慧有别，智慧是般若的无分别智，为离思虑分别之心识。 〔6〕尘境：指心的对象，为六尘之心所对者，即色、声、香、味、触、法等六境。 〔7〕种种苦口：苦口婆心，根据不同的情况，利用不同的方便法门来教化。 〔8〕我慢：视“我”为一己之中心，由此所执之“我”而形成看不起别人的心态。〔9〕众生知见：指会导致凡夫生起烦恼的见解。 〔10〕犛（lí）牛爱尾：出自《法华经·方便品》，比喻人们愚昧无知，盲目追求不应该追求的东西。人们不舍自己的欲望，正像犛牛爱自己的尾巴一样。

【译文】

僧人法达，是洪州地方的人，七岁出家，常常诵念《法华经》。有一天，前来礼拜慧能大师，头却不触到地面。慧能大师呵斥道：“顶礼头不触地，与不顶礼有何不同？你心中肯定执著一个事物，平时究竟修学什么专长呢?”法达说：“我念诵《法华经》已经有三千部了!”慧能大师说：“如果你念到一万部，能领悟经中大意，而不觉得自己胜过别人，那就能和我并肩同行。你现在竟以诵经千部而自负，一点也不知道自己的过失，现在听我说偈：

礼本折慢幢，头奚不至地?
有我罪即生，亡功福无比。”

慧能大师又问道：“你叫什么名字?”法达说：“我叫法达。”慧能大师说：“你的名字叫法达，何曾通达妙法?”于是又说一偈：

“汝今名法达，勤诵未休歇；
空诵但循声，明心号菩萨。
汝今有缘故，吾今为汝说；
但信佛无言，莲花从口发。”

法达听完偈语后，向慧能大师忏悔谢罪说：“从今以后，我一定会以谦下之心来恭敬尊重一切众生。弟子在持诵《法华经》时，未能了解经中妙义，所以心中常有疑惑。大师具有深广博大的智慧，请约略为我讲说经中的义理。”慧能大师说：“法达，佛法本来就很通达，是你自心不能通达。经义本来无可疑问，是你自心起了疑惑。你诵这部经，可知道它以什么为宗旨吗?”法达说：“弟子根性愚钝，向来只依经文诵念，哪里会知道以什么为宗旨呢?”慧能大师说：“我不认得字，你试拿经本来读诵一段给我听，我为你讲说。”

于是法达就高声诵念经文，念到《譬喻品》时，慧能大师说：“停！这部经原来是以‘佛为一大事因缘出现于世’为宗，即使说再多的譬喻，也不会超过这个范围。什么是因缘呢？经中说：‘诸佛世尊都只为一大事因缘，所以出现于世间。’所谓一大事，就是佛的正确知见。世间的人不是向外迷惑执著诸相，就是心内迷惑执著于空寂，如果能够在一切相上而又远离一切相执，在一切空中而又远离空执，这就是对内外都不执迷。如果能够体悟这种法门，而在一念之间忽然心开意解，这就是开启了佛的解脱知见。佛，就是觉的意思。分为四门：令众生开启觉的知见，为众生指示觉的知见，令众生体悟觉的知见，令众生契入觉的知见。如果在听闻开示时，便能体悟契入本源觉性，就是觉的知见，本来具有的真如佛性就会得以显现。

“你要慎重，不要用错误的知见解释经义！不要见经上说‘开示悟入’，就认为这是佛自己的知见，而没有我们众生的份额。如果误作这样的见解，就是诽谤佛经，诋毁佛陀。他既然是佛，已经具有佛的知见了，何必还要再去开佛知见呢？你现在应当坚信，所谓佛的知见，就是你自己的心，心外再也没有其他的佛了。因为一切众生自己障蔽了光明的心性，贪着尘劳境界，向外攀缘而内心生起妄想纷扰，甘心受尘劳的驱使而奔驰，所以才要劳烦大觉佛陀，从正定中出现于世，以种种善巧方便，苦口婆心劝导众生止息一切妄想尘劳，不要向外驰求，这样就和诸佛没有差别，所以说是开佛知见。我也常劝一切人，要在自己心中开启佛的知见。但是世间的人心地不正，愚昧迷惑，造种种罪，口说善言，心怀恶念，贪爱瞋恚，嫉贤妒能，谄媚佞言，自恃慢人，侵犯别人，损害他物，这就是自己开启了众生的知见。如果能端正心念，时常生起智慧，观照自己的心性，不造恶而行善，这就是自己开启佛的知见了。你必须念念在开启佛的知见，千万不要自己开启众生的知见！能开启佛的知见，就是出世间；开启众生的知见，就是还在众生世间。你如果只是辛辛苦苦的执著念诵《法华经》文本，以为这就是功课，这和犛牛爱惜它自己的尾巴又有什么不同呢？”

达曰：“若然者，但得解义，不劳诵经耶？”师曰：“经有何过，岂障汝念？只为迷悟在人，损益由己。口诵心行，即是转经[1]；口诵心不行，即是被经转。听吾偈曰：

心迷《法华》转[2]，心悟转《法华》。

诵经久不明，与义作仇家。

无念念即正，有念念成邪。

有无俱不计，长御白牛车[3]。”

达闻偈，不觉悲泣，言下大悟，而告师曰：“法达从昔已来，实未曾转《法华》，乃被《法华》转。”再启曰：“经云：‘诸大声闻乃至菩萨，皆尽思共度量，不能测佛智。’今令凡夫但悟自心，便名佛之知见，自非上根，未免疑谤。又经说三车[4]，羊鹿之车与白牛之车，如何区别？愿和尚再垂开示。”

师曰：“经意分明，汝自迷背。诸三乘[5]人，不能测佛智者，患在度量也。饶伊尽思共推，转加悬远。佛本为凡夫说，不为佛说，此理若不肯信者，从他退席。殊不知坐却白牛车，更于门外觅三车。况经文明向汝道：‘唯一佛乘，无有余乘。若二若三，乃至无数方便，种种因缘，譬喻言词，是法皆为一佛乘故。汝何不省？三车是假，为昔时故；一乘是实，为今时故。只教汝去假归实，归实之后，实亦无名。

应知所有珍财，尽属于汝，由汝受用，更不作父想[6]，亦不作子想[7]，亦无用想[8]，是名持《法华经》。从劫至劫，手不释卷，从昼至夜，无不念时也。”达蒙启发，踊跃欢喜，以偈赞曰：

“经诵三千部，曹溪一句亡。
未明出世旨，宁歇累生狂？
羊鹿牛权设，初中后善[9]扬。
谁知火宅[10]内，元是法中王[11]。”

师曰：“汝今后才可名念经僧也。”达从此领玄旨，亦不辍诵经。

【注释】

〔1〕转经：诵读经典并内化于心，外践于行。完整诵读一部经者，称真读。仅读诵其初、中、后之数行，或仅翻页拟作读经状，均称为转经，又称转读。　〔2〕心迷《法华》转：心中不明白经义，只是口中念诵《法华经》，这就等于被《法华经》所“转”，没有真正地诵念经文，所以没有“转经”。　〔3〕长御白牛车：《法华经》以“白牛车”比喻一佛乘，指获得了佛法智慧者恒常坐着心性一佛乘。《坛经》讲的“白牛车”和“一佛乘”，是慧能借用这些名称来表达禅宗的教义。　〔4〕三车：语出《法华经》“火宅三车”的譬喻，包括羊车、鹿车、牛车，次第譬喻声闻乘、缘觉乘、大乘者。羊车，以羊挽车，形容声闻只能自度，不能度他，好像一辆小小的羊车不能装载货物；鹿车，以鹿挽车，形容缘觉乘能自度兼度亲属，好像一辆鹿车能载少许的货物；牛车，以牛挽车，形容菩萨乘不但自度且能普度众生，好像一辆大牛车能运载许多货物。　〔5〕三乘：声闻乘、缘觉乘、菩萨乘。声闻乘又名小乘，修四谛行，可证阿罗汉果；缘觉乘又名中乘，

修十二因缘，可证辟支佛果；菩萨乘又名大乘，修六度行，可证无上佛果。〔6〕更不作父想：“父”指《法华经》中讲的“大富长者”，他曾把财产分给儿子们，是用以譬喻众生。这里的意思是所有的财宝（佛性）都是自己本有的，不要以为是大富长者（即代表佛）所给予的。〔7〕亦不做子想：子，指大富长者的儿子，这里指众生。这句话的大意是不要认为财富（佛性）是他人的。〔8〕亦无用想：用，指财用或宝藏，这里譬喻佛法，所要表达的是父想、子想、用想都不应作意，即连想也不要想。虽说禅宗的立场是本性就是佛，不必到自身之外寻求佛性，但也进一步认为连向自心寻找佛的念头也应破除，因为这样将限制自己的认识活动，也是一种执著。〔9〕初中后善：初善、中善、后善。初善，指羊牛，譬喻声闻乘；中善，指鹿车，比喻缘觉乘；后善，即牛车，比喻为大乘者。〔10〕火宅：比喻迷界众生所居住的三界。火喻五浊等，宅喻三界。语出《法华经·七喻》中的火宅喻。众生生存于三界中，受各种迷惑之苦，然犹不自知其置身苦中，比如屋宅燃烧，而宅中稚儿仍不知置身火宅，依然嬉乐自得。〔11〕法中王：指经过长时间修行，并证得无上菩提明心见性的修行者。

【译文】

法达听后说：“照这样说，只要能理解经义就好，那就可以不必诵经了么？”慧能大师说：“经典有什么过错，难道它会障碍你念诵吗？须知执迷和觉悟在于个人，受损或得益都由于自己。口诵经文而心能行其义，就是能够转经；口诵经文而心不行其义，就是被经文所转了。听我说偈：

心迷《法华》转，心悟转《法华》。
诵经久不明，与义作仇家。
无念念即正，有念念成邪。
有无俱不计，长御白牛车。”

法达听了这首偈语，不禁感动涕泣，于言下顿时大彻大悟，对慧能大师说：“法达从过去以来，确实未曾转《法华》，而是被《法华》所转。”法达又再启问：“经上说：‘一切大声闻乃至菩萨，即使竭尽思虑共同测度，也不能揣测出佛陀的智慧。’现在说只要凡夫但能觉悟自己的心性，就说是佛的知见，弟子我不是上等根性的人，难免生起疑惑诽谤。又经中说三车，羊车、鹿车、牛车，与大白牛车，究竟要怎样来区别呢？祈愿和尚再次慈悲开示。”

慧能大师说：“经典上的意思是很清楚明白的，是你自己执迷而与之相违背罢了！一切三乘之人之所以不能测知佛智，问题就出在他们要去度量，就算他们极尽思维共加推测，也只会离佛的智慧越来越远。佛法本来是为不觉的凡夫而设说的，并不是为佛而设说的，如果不肯相信这个道理，那就听任他退出会席。只是他竟不知道自己本来就坐在白牛车上，却还要向门外去另寻羊鹿牛三车。何况经文明白地向你说：‘毕竟只有一佛乘，并没有其他诸乘。或说二乘、三乘，乃至说无数的方便法门，以及种种因缘譬喻等言词，这些法全部都是为了一佛乘说的。’你为什么还不能醒悟呢？象征小乘、中乘、大乘的三车是假立的，是为过去迷失实相的众生而施设的权益之教；大白牛车是佛真实说的一乘实相法，是为现今众生修持成熟而开显的真实之教。这只不过是教你去除三乘方便的假名而归入一乘实相的真实之教，一旦归入实教之后，就没有所谓的实教了。要知道所有珍贵财物全部都属于你所拥有，任由你自己去受用，更不作佛陀慈父之愿受用想，也不要做凡情人之不当受用想，更没有所谓的受用财宝想，这才叫做真正持诵《法华经》。能够如此，就好像从前劫到后劫，手中并没有放下经卷，从白天到黑夜，无时不是在持诵《法华经》。”

法达蒙受慧能大师启迪，欢喜踊跃，于是用偈来赞叹说：

“经诵三千部，曹溪一句亡。
未明出世旨，宁歇累生狂？
羊鹿牛权设，初中后善扬。
谁知火宅内，元是法中王。”

慧能大师说：“从今以后，你才可以被称为真正诵经的出家人。”法达从此领悟到深奥玄妙的佛法道理，也没有停止对经典的读诵。

僧智通[1]，寿州安丰人，初看《楞伽经》约千余遍，而不会三身四智[2]，礼师求解其义。

师曰：“三身者：清净法身，汝之性也；圆满报身，汝之智也；千百亿化身，汝之行也。若离本性，别说三身，即名有身无智[3]；若悟三身无有自性[4]，即名四智菩提。听吾偈曰：

自性具三身，发明成四智。
不离见闻缘，超然登佛地。
吾今为汝说，谛信永无迷。
莫学驰求者，终日说菩提。”

通再启曰：“四智之义，可得闻乎？”师曰：“既会三身，便明四智，何更问耶？若离三身，别谈四智，此名有智无身。即此有智，还成无智。”复偈曰：

“大圆镜智性清净，平等性智心无病，

妙观察智见非功，成所作智同圆镜。

五八六七果因转[5]，但用名言无实性[6]，

若于转处不留情，繁兴永处那伽定[7]。”

通顿悟性智[8]，遂呈偈曰：

“三身元我体，四智本心明；

身智融无碍，应物任随形。

起修皆妄动，守住匪[9]真精；

妙旨因师晓，终亡染污名。”

【注释】

〔1〕智通：唐代著名禅僧，生卒年不详。据《景德传灯录》卷十载，师参礼归宗智常求法，一夕突大呼：“我已大悟也。”次日，智常问之，答：“师姑天然女人作。”智常许之。后居五台山法华寺，自称大禅佛。示寂前举偈云：“举手攀南斗，回身倚北辰，出头天外看，谁是我般人？” 〔2〕四智：法相宗所立如来的四种智慧。凡夫有八识，至如来转为四智。一大圆镜智，转第八识者；二平等性智，转第七识者；三妙观察智，转第六识者；四成所作智，转第五识者。 〔3〕有身无智：禅宗认为，四智不离本性，一旦离开了人的自我本性，一切都是虚幻不真实的。因为若离本性而说三身，所谈的就只能是不起智用的空洞名言概念，不是真正的三身。 〔4〕三身无有自性：三身是从一个自我的本性而生，并非说三身各有一个自性。 〔5〕五八六七果因转：前五识和第八阿赖耶识必需到成就佛果时才能转为成所作智和大圆镜智，所以叫做“果上转”；第六识和第七识却能在未成就佛果前就能转化为妙观察智和平等性智，因而叫做“因中转”；但转其名，而不转其体。五，指八识中之前五识，眼、耳、鼻、舌、身对于色、声、香、味、触之五尘，能起五种识。八，指第八识，又名阿懒耶识。

六，则指八识中的第六识，即意识。七，是八识中的第七识，即末那识。前五识及第八识，属于果。第六识、第七识，属于因。〔6〕实性：本性、真如的异名。〔7〕那伽定：意译为“龙”，有“定”的意思。龙定止于深渊曰那伽定。〔8〕通顿悟性智：即认识、理解了关于从自性上谈三身和四智的理论。〔9〕匪：通非。

【译文】

僧人智通是寿州安丰人，最初阅读《楞伽经》多达一千多遍，却不能领会三身和四智的意义，于是就来参礼慧能大师，请求解说三身、四智义理。

慧能大师说：“所谓三身，清净法身，是你的自心本性；圆满报身，是你的般若智慧；千百亿化身，是你的修行实践。假如离开本性而别说三身，那就空有三身之假名，而无三身之智用。若能体悟三身实无自性，那就是四智菩提了。听我说偈：

自性具三身，发明成四智。
不离见闻缘，超然登佛地。
吾今为汝说，谛信永无迷。
莫学驰求者，终日说菩提。”

智通又再启请说：“是否能请求大师为我讲说四智的意义？”慧能大师说：“既然领会自性三身的意义，自然也就能明白四智的意义，为什么还要问这个问题呢？如果离开了自性三身，而另外去谈说四智，这就叫做有智无身。即使有智，也等于无智。”慧能大师又再说偈：

“大圆镜智性清净，平等性智心无病，
妙观察智见非功，成所作智同圆镜。
五八六七果因转，但用名言无实性，

若于转处不留情，繁兴永处那伽定。”

智通闻偈后立即领悟了本性四智，于是呈偈说道：

“三身元我体，四智本心明；

身智融无碍，应物任随形。

起修皆妄动，守住匪真精；

妙旨因师晓，终亡染污名。”

僧智常，信州贵溪[1]人，髫年出家，志求见性。一日参礼，师问曰：“汝从何来？欲求何事？”曰：“学人近往洪州白峰山礼大通和尚[2]，蒙示见性成佛之义，未决狐疑，远来投礼，伏望和尚慈悲指示。”

师曰：“彼有何言句？汝试举看。”曰：“智常到彼，凡经三月，未蒙示诲。为法切故，一夕独入丈室[3]，请问如何是某甲本心本性？大通乃曰：‘汝见虚空否？’对曰：‘见。’彼曰：‘汝见虚空有相貌否？’对曰：‘虚空无形，有何相貌？’彼曰：‘汝之本性，犹如虚空，了无一物可见，是名正见；无一物可知，是名真知。无有青黄长短，但见本源清净，觉体圆明，即名见性成佛，亦名如来知见。’学人虽闻此说，犹未决了，乞和尚开示。”师曰：“彼师所说，犹存见知，故今汝未了。吾今示汝一偈：

不见一法存无见[4]，大似浮云遮日面。

不知一法守空知[5]，还如太虚生闪电。

此之知见瞥然兴，错认何曾解方便[6]。

汝当一念自知非，自己灵光常显现。”

常闻偈已，心意豁然，乃述偈曰：

"无端起知见，著相[7]求菩提。

情存一念悟，宁越昔时迷[8]。

自性觉源体，随照枉迁流。

不入祖师室，茫然趣两头。"

智常一日问师曰："佛说三乘[9]法，又言最上乘，弟子未解，愿为教授。"师曰：" 汝观自本心，莫著外法相。法无四乘[10]，人心自有等差。见闻转诵，是小乘；悟法解义，是中乘；依法修行，是大乘；万法尽通，万法俱备，一切不染，离诸法相，一无所得，名最上乘[11]。乘是行义，不在口争。汝须自修，莫问吾也，一切时中，自性自如。"

常礼谢执侍，终师之世。

【注释】

〔1〕信州：今江西上饶。贵溪：今江西贵溪。　〔2〕大通和尚：五祖弘忍大师弟子神秀上座的谥号。　〔3〕丈室：一丈四方之室。即禅寺中住持之居室或客殿，今转为禅林住持或对师傅的尊称。俗称"方丈"或"方丈和尚"。　〔4〕不见一法存无见：不见一法，指上文大通和尚讲的"了无一物可见"。这里指连"无见"都不应该存在心中，这样将有碍于明心见性。　〔5〕不知一法守空知：不知一法，指上文大通和尚讲的"了无一物可见"，"守空知"就是一种执著，死死守着空的见解，认为真有"无一物可知"。　〔6〕错认何曾解方便：错以无知无见为真实。追求"无见"、"空知"也是一种对外在一切现象的执著。　〔7〕著相：对外在的形象和状态很执著。这里指对"存无见"和"守空知"的执著。　〔8〕情存一念悟，宁越昔时迷："悟道"本是修行所期待的境界，但如果内心存在一个"无"的念头，或

自以为悟了，正好说明没有觉悟，没有超越以前“迷”的状态。〔9〕三乘：指声闻、缘觉和菩萨三乘。　〔10〕四乘：三乘加上一乘（佛乘）就是四乘。　〔11〕最上乘：指大白牛车，比喻得佛乘者。《金刚经》说如来为大乘者，为发最上乘者。

【译文】

僧人智常是信州贵溪人。童年时出家，立志明心见性。有一天，来参礼慧能大师。慧能大师问他：“你从哪里来？想要求得什么吗？”智常答说：“学僧最近到洪州白峰山参礼大通和尚，承蒙他开示见性成佛的奥义，只是心中还有一些疑惑不能解决，因此从遥远的地方前来参礼，祈求和尚慈悲开示。”

慧能大师说：“他都说了些什么？你试着举出一些例子说说看。”智常说：“我到了那里，大约住了三个月，一直没有得到他的示导教诲。我因为求法心切的缘故，有一天晚上，我单独进入方丈室，请他开示：‘什么是我的本来心性呢？’他说：‘你见过虚空吗？’我回答说：‘见过。’他又问：‘你看虚空有相貌吗？’我回答说：‘虚空没有形体，哪有什么相貌可言呢？’他说：‘你的本性就如同虚空，了无一物可见，这就叫做正见；没有一物可知，这就叫做真知。没有青黄长短等形象的区别，但见得本源清净无染，觉体圆融澄明，这就叫做见性成佛，也叫作如来知见。’学僧虽然听了这个说法，还是不能解决内心的狐疑，所以恳求和尚开示。”慧能大师说：“那位和尚所说，还存有知见在，所以不能使你全然明白自己心性。我现在给你说一首偈语：

不见一法存无见，大似浮云遮日面。
不知一法守空知，还如太虚生闪电。
此之知见瞥然兴，错认何曾解方便。

汝当一念自知非，自己灵光常显现。”

智常听了这首偈语以后，心里豁然开朗，于是也说了一偈：

“无端起知见，著相求菩提。

情存一念悟，宁越昔时迷。

自性觉源体，随照枉迁流。

不入祖师室，茫然趣两头。”

有一天，智常问慧能大师说：“佛陀说三乘教法，又说有最上乘，弟子不了解，请求和尚教导。”慧能大师说：“你应回头观照自己的本心，不要执著心性外的法相。佛法并没有四乘之分，而是人心各有不同：眼见耳闻转诵经典的人，是小乘行者；悟解佛法义理的人，是中乘行者；依佛教法真实修行菩提大道的是大乘行者；万法完全通达，万法具足完备，一切不染不着，远离一切法相，实无一法可得者，这就叫做最上乘的行者。乘是行的意思，不是在口头上争论就能得到的。你应该自己依法修行，不必问我。无论在什么时候，你自己的佛性都是如如不动，来去无滞，圆通无碍的。”

智常礼谢慧能大师的开示，从此侍奉慧能大师，一直到慧能大师示寂。

僧志道，广州南海[1]人也。请益曰：“学人自出家，览《涅槃经》，十载有余，未明大意，愿和尚垂诲。”

师曰：“汝何处未明？”曰：“诸行无常[2]，是生灭法，生灭灭已，寂灭为乐[3]，于此疑惑。”师曰：“汝作么生疑？”曰：“一切众生，当有二身，谓色身、法身[4]也。色身无常，有生有灭；法身有常，无知无觉。经云‘生灭灭已，寂灭为乐’者，不审何身寂灭？何身受乐？若色身者，色身灭时，四大分散[5]，全然是苦，苦不可言乐。若法身寂灭，即同草木瓦石，谁当受乐？又法性是生灭之体，五蕴是生灭之用；一体五用，生灭是常。生则从体起用，灭则摄用归体。若听更生，即有情之类，不断不灭；若不听更生，则永归寂灭，同于无情之物。如是，则一切诸法被涅槃[6]之所禁伏，尚不得生，何乐之有？”

师曰：“汝是释子，何习外道断常邪见[7]，而议最上乘法？据汝所说，即色身外别有法身，离生灭求于寂灭；又推涅槃常乐，言有身受用，斯乃执吝生死，耽著世乐。汝今当知，佛为一切迷人，认五蕴[8]和合为自体相，分别一切法为外尘相，好生恶死，念念迁流，不知梦幻虚假，枉受轮回[9]，以常乐涅槃，翻为苦相，终日驰求，佛愍此故，乃示涅槃真乐。刹那无有生相，刹那无有灭相，更无生灭可灭，是则寂灭现前。当现前时，亦无现前之量，乃谓常乐。此乐无有受者，亦无不受者，岂有一体五用之名？何况更言涅槃禁伏诸法，令永不生，斯乃谤佛毁法。听吾偈曰：

无上大涅槃，圆明常寂照。
凡愚谓之死，外道执为断。
诸求二乘人，目以为无作。
尽属情所计，六十二见[10]本。
妄立虚假名，何为真实义？
惟有过量人，通达无取舍。

以知五蕴法，及以蕴中我，

外现众色像，一一音声相。

平等如梦幻，不起凡圣见，

不作涅槃解，二边三际〔11〕断。

常应诸根用，而不起用想，

分别一切法，不起分别想。

劫火烧海底，风鼓山相击，

真常寂灭乐，涅槃相如是。

吾今强言说，令汝舍邪见，

汝勿随言解，许汝知少分。”

志道闻偈大悟，踊跃作礼而退。

【注释】

〔1〕广州南海：即今天的广东佛山。〔2〕诸行无常：佛教术语，指万物变化多端，比喻人生无常。世界一切现象与万物经常转变不息，这是佛法之根本大纲，与诸法无我涅槃寂静，同为三法印之一。〔3〕寂灭为乐：远离迷惑世界之境地。此境地对处于生死流转不安的迷界众生而言，含有快乐之意，故称为寂灭为乐。寂灭，是涅槃的语译。〔4〕色身：指有色有形之身，广指肉身而言。但佛典中多用以指佛、菩萨的相好身，即相对于无形无色的法身，称有形有色的身相为色身。法身：又名自性身或法性身，即指佛所说的正法、佛所得之无漏法，即诸佛的所证的真如法性之身。〔5〕四大分散：人们的肉身，就是指由地、水、火、风之坚、湿、暖、动等性所构成的。此四种性如果不调和，肉身就会散坏，即人的肉身将生病或死亡。〔6〕涅槃：是佛教全部修习所要达到的最高理想，一般指熄灭生死轮回后的境界。又译作泥日、泥洹、涅槃那等。意译为灭、灭度、寂灭、

安乐、无为、不生、解脱、圆寂等。涅槃的字义，有消散的意思，即苦痛的消除而得自在。也就是灭生死之因果，度生死之瀑流，达到顿悟的菩提境界。 〔7〕断常邪见：即断见和常见。断有灭绝之意，持此见者坚持人死之后身心断灭不复再生的邪见；常即永恒存在，持此见者坚持身心常住永恒不灭的邪见。 〔8〕五蕴：指构成一切有为法的五种要素，即色蕴、受蕴、想蕴、行蕴、识蕴。蕴，意指积集，旧译作阴、众、聚，故五蕴又称五阴、五众、五聚。 〔9〕轮回：指众生由惑业之因（贪、嗔、痴三毒）而招感三界、六道之生死轮转，如同车轮之回转，永无止尽，故称轮回。又作流转、死、生死轮回、生死相续、轮回转生、轮回、轮转等。印度婆罗门教、耆那教等都采用这种理论作为他们的根本教义之一。佛教沿用了这个原则并作了进一步的发展，注入自己的教义。 〔10〕六十二见：指外道的六十二种错误的见解。这里泛指一切错误的观点。 〔11〕二边三际：二边是指有、无二边；三际指过去、现在、未来三时，或指外、内、中间三处。

【译文】

僧人志道，是广州南海县人。有一天，他请示慧能大师："学人自从出家以来，阅读《涅槃经》已经有十多年了，还不明白经中大意，请和尚慈悲教诲！"

慧能大师说："你什么地方不明白呢？"志道说："诸行无常，是生灭法；生灭灭已，寂灭为乐。我对这句话有所疑惑。"慧能大师说："你有什么疑惑呢？"志道说："一切众生都有二身，就是所说的色身和法身。色身是无常的，有生有灭；法身是常有的，却无知无觉。经中说'生灭灭已，寂灭为乐'，不知道是哪个身入于寂灭？哪个身受此真乐？如果说是色身，当色身坏灭的时候，地水火风四大分散，完全是苦，既然是苦，就不可说是乐了；如果指法身寂灭，那就如无知无觉的草木瓦石，又是谁在受乐呢？又法性是生灭法中的实体，五蕴是生灭法中的相用，一体有五用，生灭应当是恒常的。生就是从性体而起的相用，灭就是摄相用而还归于性体。如果听任他们再生，那么有情众生就不断绝也不灭亡；如果不听任他们再生，就将永远归于寂静，而与瓦木土石等无情的东西没有什么不同。这样，一切万法就被涅槃自性所拘禁束缚，尚且不能得再生，还有什么快乐可言呢？”

慧能大师说：“你是佛门弟子，为什么学习外道断灭和永恒的那类偏见，而以此邪见来议论最上乘的法门呢？据你所说，就是色身之外另有一个法身，离了色身的生灭可以另外求得法身的寂灭。又推论说涅槃常乐，要有某个身来受用，这都是执著于色身而放不下生死，贪于世俗享乐的表现。你应当知道，佛陀就因为一切迷执的众生妄认五蕴假和的色身为自我，分别妄计一切法为外尘，贪生厌死，妄念迁流，不能了知所受一切俱为梦幻空花，虚假不实，枉受生死轮回，反而将常乐的涅槃看成是苦，整天忙碌地奔驰营求俗务。佛陀为怜悯这些愚迷众生，于是开示涅槃真乐的境界。刹那不见有生相起，也不见有灭相可寻，更没有不生不灭之相可灭，此时寂灭净觉自然现前。正当寂灭现前的时候，也没有什么东西可以让你感受到这是寂灭，这就是所说的涅槃常乐。这种常乐本来没有什么承受的人，也没有什么不承受的人。哪里会有一体五用的名称呢？更何况你还说涅槃禁伏一切法，让它们永无生命呢？这就是在毁谤佛法了。听我说一首偈语：

无上大涅槃，圆明常寂照。
凡愚谓之死，外道执为断。
诸求二乘人，目以为无作。

尽属情所计，六十二见本。
妄立虚假名，何为真实义？
惟有过量人，通达无取舍。
以知五蕴法，及以蕴中我，
外现众色像，一一音声相。
平等如梦幻，不起凡圣见，
不作涅槃解，二边三际断。
常应诸根用，而不起用想，
分别一切法，不起分别想。
劫火烧海底，风鼓山相击，
真常寂灭乐，涅槃相如是。
吾今强言说，令汝舍邪见，
汝勿随言解，许汝知少分。”

志道听了偈语之后，得大开悟，欢喜踊跃地礼谢而退。

行思禅师[1]，生吉州安城刘氏，闻曹溪法席盛化，径来参礼。

遂问曰：“当何所务，即不落阶级[2]？”师曰：“汝曾作什么来？”曰：“圣谛[3]亦不为。”师曰：“落何阶级？”曰：“圣谛尚不为，何阶级之有？”师深器之，令思首众。

一日，师谓曰：“汝当分化一方，无令断绝。”思既得法，遂回吉州青原山，弘法绍化，谥弘济禅师。

怀让禅师[4]，金州杜氏子也。初谒嵩山安国师[5]，安发之曹溪参扣。

让至，礼拜。师曰：“甚处来？”曰：“嵩山。”师曰：

"什么物，恁么来?"曰："说似一物即不中[6]。"师曰："还可修证[7]否?"曰:"修证即不无，污染即不得。"师曰："只此不污染，诸佛之所护念。汝既如是，吾亦如是。西天[8]般若多罗[9]谶[10]，汝足下出一马驹，踏杀天下人[11]。应在汝心，不须速说!"

让豁然契会，遂执侍左右一十五载，日臻玄奥。后往南岳，大阐禅宗，敕谥大慧禅师。

【注释】

〔1〕行思禅师（671—740)：唐代著名僧人，吉州安城人，俗姓刘。幼年出家，从慧能大师学法，性贞谅，与南岳怀让并称二大弟子，同嗣慧能大师法脉。后住吉州青原山静居寺，故号青原行思。门徒云集，禅风大振。其后又自此法系衍出云门、曹洞、法眼等三系。〔2〕阶级，这里指阶段。"当何所务，即不落阶级"是指应该怎么做，才能不落到渐修的阶段而达到顿悟呢? 〔3〕圣谛：即指禅者所觉知的一切空寂真如本体的境界，是佛教的根本大义，所以又称第一义谛、真谛。谛，即真实不假的道理。 〔4〕怀让禅师（677—744)：唐代著名僧人，又称大慧禅师，金州安康人。慧能圆寂后，得嗣其法并于南岳般若寺观音台弘教传禅。到他的弟子马祖道一时，怀让一系禅宗兴盛起来，被称为南岳一系。其后又自此法系衍出沩仰和临济两系。〔5〕安国师：唐代僧，弘忍弟子之一，曾常住嵩山。 〔6〕说似一物即不中：禅宗认为，人的本心和本性是离言绝相的，超越一切语言，所以明心见性的禅境体验不能以言语来确切描述。不中，即不适合，不可以。 〔7〕修证：即指修行与证悟。 〔8〕西天：指天竺，古印度。 〔9〕般若多罗:又称璎珞童子,是禅宗所立西天二十八祖之第二十七祖,东天竺人,婆罗门种。约二十七岁遇二十六祖大师不如蜜多,受付嘱而成为西天第二十七祖。 〔10〕谶：指预言。 〔11〕"汝足

下”两句：指怀让门下出现著名禅师马祖道一之后，禅宗会更加兴盛。

【译文】

行思禅师，出生在吉州安城地方的刘家。他听说曹溪慧能大师法席隆盛，化导无数信众，便前来参礼慧能大师。

他问慧能大师：“应当怎么做，才能不落入渐修的过程呢?”慧能大师说：“你曾做些什么?”行思说：“我连圣谛也不做。”慧能大师说：“那你又落什么层级呢?”行思说：“圣谛尚且不做，还有什么层级可落?”慧能大师非常器重他，于是命他做寺众的首座。

有一天，慧能大师对他说：“你应当单独教化一方，不要让正法断绝。”行思承受了慧能大师的顿教正法，便回到吉州青原山，大弘正法，绍隆佛教，谥号为弘济禅师。

怀让禅师，金州杜氏人家的儿子。最初到嵩山参谒慧安国师，慧安大师派他到曹溪参学。

怀让到了曹溪，顶礼参拜，慧能大师问他：“你从什么地方来?”怀让答：“从嵩山来。”慧能大师问：“什么东西，怎么来的?”怀让说：“说是像一个什么东西就不对了。”慧能大师说：“还可以修证吗?”怀让说：“能够被修证的就不是‘无’之本性，能够被污染的则不可能获得。”慧能大师说：“具有不受被污染这一点，是诸佛所共同护念的。你既是这样，我也是这样。印度祖师般若多罗曾有预言：‘你门下将出现一匹马驹，他的智慧纵横天下，征服所有人。’这预言，你要默记在心，等待时机，不要太早说出来!”

怀让当下豁然契会，于是就在慧能大师身边服侍十五年，越来越修证到玄妙深奥的境界。后来前往南岳衡山，大力阐扬禅宗顿教法门，谥号为大慧禅师。

永嘉玄觉禅师，温州戴氏子。少习经论，精天台止观法门[1]。因看《维摩经》，发明心地。偶师弟子玄策相访，与其剧谈，出言暗合诸祖。

策云："仁者得法师谁？"曰："我听方等经论，各有师承。后于《维摩经》，悟佛心宗，未有证明者。"策云："威音王[2]已前即得，威音王已后，无师自悟，尽是天然外道。"云："愿仁者为我证据。"策云："我言轻，曹溪有六祖大师，四方云集，并是受法者。若去，则与偕行。"

觉遂同策来参，绕师三匝，振锡而立。师曰："夫沙门[3]者，具三千威仪，八万细行[4]。大德[5]自何方而来，生大我慢？"觉曰："生死事大，无常迅速。"师曰："何不体取无生，了无速乎？"曰："体即无生，了本无速。"师曰："如是，如是！"玄觉方具威仪礼拜，须臾告辞。师曰："返太速乎？"曰："本自非动，岂有速耶？"师曰："谁知非动？"曰："仁者自生分别。"师曰："汝甚得无生之意。"曰："无生岂有意耶？"师曰："无意谁当分别？"曰："分别亦非意。"师曰："善哉！少留一宿！"

时谓"一宿觉"，后著《证道歌》，盛行于世。谥曰"无相大师"，时称为"真觉"焉。

【注释】

〔1〕天台止观法门：天台，即天台宗，由智者大师于浙江天台山

所创立，是中国佛教宗派之一。因注重《法华经》，所以也称“法华宗”。止观，是佛教最基本的修行法门。止，指止息一切妄念，贯注于某一对象；观，以大智慧观照万事万物。天台宗主张定（止）慧（观）为修行的主要内容，所以用“止观法门”概括天台宗的理论和实践。〔2〕威音王：又作寂趣音王佛。乃过去庄严劫最初之佛名。“威音王已前”为禅宗僧人常用语，用以指点学人自己本来面目之语句，意同“父亲未生之前”、“天地未开之前”等语。盖威音王佛乃乃过去庄严劫最初的佛名，故以之表示无量无边的久远之前。　〔3〕沙门：亦作桑门、丧门，意译为勤息、勤劳、功劳、勤恳、静志、息止、息心、息恶、修道、法、乏道、贫道等，即勤修佛道和降服烦恼的意思，为出家修道者之通称，即指剔除须发，放下妄念，止息诸恶不善，调御身心，勤修诸善，以期证得涅槃境界的修道者。　〔4〕三千威仪，八万细行：为佛教弟子持守日常威仪的作法。佛教对僧人在思想、言语和行为等方面的要求非常高，僧人的动作有威德有仪则，称为威仪；戒律之外的各种微细的仪则规定，称为细行。三千八万喻数量之多并非实数。综合而言，三千威仪，八万细行指有关比丘行、住、坐、卧四威仪中，所应注意的细行。　〔5〕大德：德行高尚的人。印度对佛菩萨或高僧的敬称，比丘中之长老，也称大德。中国，不以“大德”一词称佛菩萨，而作为对高僧的敬称。近代以来，“大德”一词被广泛使用，凡是有德有行的人，不论出家、在家，都以“大德”尊称之。

【译文】

永嘉玄觉禅师，是温州戴氏人家的儿子。自幼研习经论，精通天台止观法门。因为阅读《维摩经》，得以发明心地。慧能大师的弟子玄策禅师偶然相访，在畅谈时发现他说的话都暗自契合了历代祖师开示的意旨。

玄策问他：“仁者是在哪一位老师门下得法？”玄觉说：“我听大乘方等经论，每部都各有师承，后来从《维摩经》中悟得佛法相传以心印心的宗旨，只是还没有为我作证明的人。”玄策说：“威音王佛以前无师自证自悟还可以；威音王佛以后说无师自证自悟的都是外道。”玄觉说：“希望仁者能为我印证。”玄策说：“我人微言轻，曹溪有位六祖大师，四面八方前往参学的人很多，而且都是领受正法的人。如果你要去，我可以和你一同前往。”

于是玄觉就和玄策一同前来参谒慧能大师。玄觉绕着慧能大师绕了三圈，举着锡杖一振，而后站立不动。慧能大师说：“出家人应该具备三千威仪，八万细行等种种戒律仪轨，大德你是从什么地方来？为何生出这么大的我慢心呢？”玄觉说：“生死问题是人生的大事，因为生命无常，来去迅速。”慧能大师说：“为什么不去体证无生本心，了此无常迅速之生死呢？”玄觉说：“体悟本身就是无生无死的，明了本体就是没有迅速不迅速可言的。”慧能大师说：“是这样，是这样的！”玄觉这时才具备威仪向大师顶礼拜谢，随即告辞。慧能大师说：“就这样回去，不是太快了吗？”玄觉说：“自性本来就没有动，哪有快慢可言？”慧能大师说：“什么人知道本来就不动？”玄觉说：“是仁者自心生起了分别。”慧能大师说：“你非常透达无生的本意。”玄觉说：“无生难道还有什么意义在吗？”慧能大师说：“如果没有意义，谁在分别呢？”玄觉说：“分别本身也没有什么意义。”慧能大师说：“很好！请小住一晚吧！”

当时的人就称玄觉为“一宿觉”。后来著有《证道歌》，广泛流传于世。圆寂后，他被追封为“无相大师”，当时的人也称他为“真觉”。

禅者智隍，初参五祖，自谓已得正受[1]。庵[2]居长坐，积二十年。

师弟子玄策，游方至河朔，闻隍之名，造庵问云："汝在此作什么？"隍曰："入定[3]。"策云："汝云入定，为有心入耶，无心入耶？若无心入者，一切无情草木瓦石，应合得定；若有心入者，一切有情含识之流，亦应得定。"隍曰："我正入定时，不见有有无之心。"策云："不见有有无之心，即是常定，何有出入？若有出入，即非大定[4]。"隍无对，良久，问曰："师嗣谁耶？"策云："我师曹溪六祖。"隍云："六祖以何为禅定？"策云："我师所说，妙湛圆寂，体用[5]如如，五阴[6]本空，六尘[7]非有。不出不入，不定不乱。禅性无住，离住禅寂。禅性无生，离生禅想。心如虚空，亦无虚空之量。"

隍闻是说，径来谒师。师问云："仁者何来？"隍具述前缘。师云："诚如所言，汝但心如虚空，不著空见，应用无碍，动静无心，凡圣情忘，能所[8]具泯，性相如如[9]，无不定时也。"

隍于是大悟，二十年所得心，都无影响。其夜河北士庶，闻空中有声云："隍禅师今日得道！"隍后礼辞，复归河北，开化四众[10]。

【注释】

〔1〕正受：三摩钵底之意译，是禅定的译名。正，即心定而离邪念，超越妄想。受，指无念无想而纳法在心。因此正受即远离邪想而领受所缘之境的状态，此时犹如明镜无心而呈现万物的境界。即入定

时，以定力使身、心领受平等安和之相。 〔2〕庵：出家者远离村落所居之房舍，以作为修行之处。庵一般是以草木覆盖而成的简陋小屋。〔3〕入定：入于禅定的意思，即摄驰散之心，入安定不动之精神状态。有时得道者的示寂，也成为入定。这里指前者。 〔4〕大定：为佛的三德（大定、大智、大悲）之一，佛心澄明寂静叫做大定。以大定可断除一切妄惑，故又称大定为断德。这里可以被看成是禅宗的禅定理论。 〔5〕体用：指诸法之体性与作用。 〔6〕五阴：与“五蕴”同。 〔7〕六尘：指色尘、声尘、香尘、味尘、触尘、法尘等六境作为外尘，尘指污染的意思，以六识缘六境而遍污六根能昏昧真性，故称为尘。此六尘在心之外，故称外尘。此六尘犹如盗贼，能劫夺一切之善法，故称六贼。 〔8〕能所：即“能”与“所”的并称。某一动作之主体叫做能，动作之客体（对象）叫做所。例如能见物的“眼”，称为能见；为所眼见的“物”，称为所见。又譬如六根对六尘，六根是能缘，六尘是所缘。总之，“能”与“所”具有相即不离与体用因果的关系，故称“能”“所” 体。 〔9〕性相如如：指体性与相状如如不动，一体不二。不变而绝对的真实本体，或事物的自体为性；差别变化的现象和相状称为相。性与相其实无异，仅名称有别。说性即说相，说相即说性。如说火性即说热相，说热相即说火性。如如，是不动、寂寞、平等不二、不起颠倒分明的明心见性境界。如理智所得的真如叫做“如如”。 〔10〕四众：指构成佛教教团的四种弟子众，又称四辈、四部众、四部弟子。有两种含义：其一指出家之四众，即比丘、比丘尼、沙弥、沙弥尼。其二指僧俗四众，即比丘、比丘尼、优婆塞、优婆夷。

【译文】

智隍禅师，最初参禅于五祖弘忍门下，自认为已得禅定正受。曾在庵中长期习静打坐达二十年之久。

慧能大师的弟子玄策禅师云游到河北朔方时，听到智隍禅师的声名，就到他所住的庵堂造访，问他说：“你在这里做什么呢?”智隍禅师说:“入定。”玄策说:“你所说的入定,是有心入呢,还是无心入呢?如果说是无心入,一切没有情识的草木瓦石,应该算是得定了;如果说是有心入,一切有情含识的众生也都应该得定了。”智隍说:“我正在入定的时候,不见有心或无心。”玄策说:“不见有心或无心,那就是常在定中,还有什么出定入定呢?如果有出入可说,那就不是大定了。”智隍无言以对。过了许久,他问道:“禅师是嗣承那一位祖师的法门呢?”玄策说:“家师是曹溪六祖慧能大师。”智隍说:“慧能大师以什么为禅定呢?”玄策说:“家师所说的禅定,直指人人本具的本心自性,圆融玄妙湛然常寂,性相体用一如,色、受、想、行、识五阴缘起和合,其性本空,色、声、香、味、触、法六尘境相,不是实有,心本不出不入,不定不乱。禅性本无所住,远离一切有住禅定空寂之相。禅性本无生灭,远离生起禅定的念头。自心广大犹如虚空,却又没有对虚空的执著度量。”

智隍禅师听了这一番道理,就直接来拜谒六祖慧能大师。慧能大师问他说:“你从什么地方来呢?”智隍于是把遇到玄策的因缘述说一遍。慧能大师说:“的确和玄策所说的那样,只要你的心如虚空,又不执著于空见,应用自在无碍,或动或静都不起分别思量,忘却凡圣的差别,泯灭主观与客观二元的对立,这样灵光独耀而性相一如,体露真常无时不在,自然没有什么时候不在定中。”

智隍言下大悟,二十年来的有所得的执著之心,完全消失得无影无踪。那天夜里,河北的官吏、百姓都听到空中有声音说:“隍禅师今天得道了!”后来智隍礼谢辞别慧能大师,又回到河北,开示教化僧俗四众弟子。

一僧问师曰："黄梅意旨[1]，什么人得？"师云："会佛法人得。"僧云："和尚还得否？"师云："我不会佛法[2]。"

师一日欲濯所授之衣，而无美泉。因至寺后五里许，见山林郁茂，瑞气盘旋，师振锡卓地，泉应手而出，积以为池，乃跪膝浣衣石上。忽有一僧来礼拜，云："方辩，是西蜀人，昨于南天竺国，见达摩大师。嘱方辩速往唐土：'吾传大迦叶[3]正法眼藏[4]及僧伽梨[5]，见传六代，于韶州曹溪，汝去瞻礼。'方辩远来，愿见我师传来衣钵。"

师乃出示，次问："上人攻何事业？"曰："善塑。"师正色曰："汝试塑看。"辩罔措。过数日，塑就真相，可高七寸，曲尽其妙。师笑曰："汝只解塑性，不解佛性。"师舒手摩方辩顶，曰："永为人天福田。"师仍以衣酬之，辩取衣分为三：一披塑像，一自留，一用棕裹瘗[6]地中。誓曰："后得此衣，乃吾出世，住持于此，重建殿宇。"

有僧举卧轮禅师[7]偈云：

"卧轮有伎俩，能断百思想。
对境心不起，菩提日日长。"

师闻之曰："此偈未明心地，若依而行之，是加系缚。"因示一偈曰：

"慧能没伎俩，不断百思想。
对境心数起，菩提作么长？"

【注释】

〔1〕黄梅意旨：这里指五祖弘忍的教法。黄梅，指五祖弘忍。

〔2〕我不会佛法：这一句强调禅宗自证自悟的教义，主张学徒不能从老师那里获得什么现成的东西。佛法的关键在于体悟亲证，不在于后天的分析理解，所以慧能大师说“我不会佛法”。 〔3〕大迦叶：是摩诃迦叶波的简称，佛十大弟子之一，有“头陀第一”、“上行第一”等称号。为佛弟子中最无执著之念者，人格清廉，深受佛陀信赖，被奉为禅宗第一代祖师。大迦叶是王舍城摩诃娑陀罗村人，大富婆罗门尼拘卢陀羯波之子。以诞生于毕钵罗树下，故取名毕钵罗耶那；又因出自大迦叶种，而称大迦叶。出家不久后，遇见佛陀，蒙受教化。八日后，发正智，脱却自身僧伽梨以奉佛，并穿着佛陀所授之粪扫衣，证得阿罗汉果。大伽叶在俗时，以富裕闻名，然于出家后，少欲知足，常行头陀行。又，古来以大迦叶为付法藏第一祖，尤以“拈花微笑”的故事，为禅家所传颂，并据此尊大迦叶为禅宗天竺初祖。 〔4〕正法眼藏：亦名“清净法眼”。禅宗用来指全体佛法（正法）。“正法眼”指佛的心眼彻见正法；“藏”的意思为深广而万德含藏。禅宗也用正法眼藏来称其教外别传的心印。 〔5〕僧伽梨：为三衣之一。即九条以上的衣服。因必须割截后才能制成，所以称为重衣、复衣、重复衣。又因其条数多，所以称之为杂碎衣。一般是在外出及其庄严仪式时穿，如入王宫、聚落、乞食，及升座说法、降伏外道等时候穿，故称王宫聚落衣。又以其为诸衣中最大者，故称大衣。 〔6〕瘗：掩埋。
〔7〕卧轮禅师：此禅师事迹不详。

【译文】

有一个僧人请问慧能大师说：“黄梅五祖的佛法传承，到底是什么人得到了？”慧能大师说：“领会佛法的人得到了。”僧人又问：“和尚可曾得到？”慧能大师说：“我不会佛法。”

有一天，慧能大师想要洗涤五祖所传授的法衣，却找不到纯净的泉水，因此就到寺后五里远的地方，看到该处山林茂盛，有祥瑞之气笼罩盘旋，慧能大师于是振动锡杖在地上一戳，泉水立即涌现出来，渐渐地积成一池清水，慧能大师于是跪下，在石头上洗衣。忽然有一僧人前来顶礼参拜，说："我叫方辩，是西蜀地方的人。昨天在南天竺国，见到达摩大师，他嘱咐我赶快到唐国来，他所传大迦叶的正法眼藏及法衣，现在已经传到第六代祖，目前在韶州曹溪山，要我去瞻仰礼拜。我从很远的地方来，希望能看到祖师传来的衣钵。"

慧能大师就把衣钵拿给他看，接着问道："上人精通什么事业呢？"方辩说："善于塑像。"慧能大师正色说："你试着塑一尊像给我看看。"方辩一时不知所措。过了几天，他塑成了一尊慧能大师的法像，大约有七寸高，惟妙惟肖。慧能大师笑着说："你只了解塑造佛像的技术，却不能了解佛性啊！"慧能大师伸手抚摩方辩的头顶说："希望你生生世世永远作为人天种植善根的福田。"说完大师就把衣服送给方辩。方辩把衣服分成三份，一块披在塑像上，一块自己留着，还有一块用棕叶裹好掩埋在地下。他预言说："后世得到这份法衣的，是转世的我，将会住持在这里，重建殿宇。"

有一个僧人举述卧轮禅师所作的一首偈：

"卧轮有伎俩，能断百思想。

对境心不起，菩提日日长。"

慧能大师听了，就对他说："这首偈语表明还没有见到自己的心性，如果依照这首偈去修行，反而会受到束缚。"因此，慧能大师为他说了一首偈语：

"慧能没伎俩，不断百思想。

对境心数起，菩提作么长？"

顿渐品第八

【题解】

本品记述神秀、慧能两宗南顿北渐之分徒弘化，以及二宗门下徒众的分歧争议。针对北宗“住心观静，长坐不卧”长期打坐的禅法，慧能大师批判了北宗禅的弊病，认为长坐拘身，于理无益，而应该树立戒定慧为自我本性先天具有的理念，在生活中明心见性。

时，祖师居曹溪宝林，神秀大师在荆南玉泉寺[1]。于时两宗盛化，人皆称南能北秀，故有南北二宗顿渐之分，而学者莫知宗趣。

师谓众曰：“法本一宗，人有南北；法即一种，见有迟疾。何名顿渐？法无顿渐，人有利钝，故名顿渐。”然秀之徒众，往往讥南宗祖师不识一字，有何所长？秀曰：“他得无师之智[2]，深悟上乘，吾不如也。且吾师五祖，亲传衣法，岂徒然哉？吾恨不能远去亲近，虚受国恩。汝等诸人，毋滞于此，可往曹溪参决。”一日，命门人志诚[3]曰：“汝聪明多智，可为吾到曹溪听法。若有所闻，尽心记取，还为吾说。”志诚禀命至曹溪，随众参请，不言来处。

时，祖师告众曰：“今有盗法之人，潜在此会。”志诚即出礼拜，具陈其事。师曰：“汝从玉泉来，应是细作[4]。”

对曰："不是！"师曰："何得不是？"对曰："未说即是，说了不是。"师曰："汝师若为示众？"对曰："常指诲大众，住心观净，长坐不卧。"师曰："住心观净，是病非禅；长坐拘身，于理何益？听吾偈曰：

生来坐不卧，死去卧不坐；

一具臭骨头，何为立功课[5]。"

志诚再拜曰："弟子在秀大师处学道九年，不得契悟[6]。今闻和尚一说，便契本心。弟子生死事大，和尚大慈，更为教示！"师曰："吾闻汝师教示学人戒定慧法，未审汝师说戒定慧行相[7]如何？与吾说看。"诚曰："秀大师说，诸恶莫作名为戒，诸善奉行名为慧，自净其意名为定，彼说如此，未审和尚以何法诲人？"师曰："吾若言有法与人，即为诳汝。但且随方解缚，假名三昧。如汝师所说戒定慧，实不可思议，吾所见戒定慧又别。"志诚曰："戒定慧只合一种，如何更别？"师曰："汝师戒定慧，接大乘人；吾戒定慧，接最上乘人。悟解不同，见有迟疾。汝听吾说，与彼同否？吾所说法，不离自性。离体说法，名为相说[8]，自性常迷。须知一切万法，皆从自性起用，是真戒定慧法。听吾偈曰：

心地无非自性戒，

心地无痴自性慧，

心地无乱自性定，

不增不减自金刚，

身去身来本三昧。"

诚闻偈悔谢，乃呈一偈：

“五蕴幻身，幻何究竟？

回趣真如，法还不净。”

师然之。复语诚曰：“汝师戒定慧，劝小根智人；吾戒定慧，劝大根智人。若悟自性，亦不立菩提涅槃，亦不立解脱知见。无一法可得，才能建立万法。若解此意，亦名菩提涅槃，亦名解脱知见。见性之人，立亦得，不立亦得，去来自由，无滞无碍。应用随作，应语随答，普见化身，不离自性，即得自在神通〔9〕，游戏三昧〔10〕，是名见性。”志诚再启师曰：“如何是不立义？”师曰：“自性无非、无痴、无乱，念念般若观照，常离法相，自由自在，纵横尽得，有何可立？自性自悟，顿悟顿修，亦无渐次，所以不立一切法。诸法寂灭，有何次第？”

志诚礼拜，愿为执侍，朝夕不懈。

【注释】

〔1〕荆南玉泉寺：古本作荆南当阳山玉泉寺。《景德传灯录》作荆南当阳山度门寺。荆南，指湖北省的当阳县。　〔2〕无师之智：出自《法华经·譬喻品》，指无师而独自觉悟的佛智，非借他力，不待他人教而自然成就之智慧。如佛所证得之智慧，非由师教或借外力所得；又如缘觉（独觉）圣者，观诸法因缘生灭，不待师教而证成觉智。〔3〕志诚：即志诚禅师，吉州太和人。年少时于荆南当阳山玉泉寺侍奉神秀禅师。　〔4〕细作：奸细，间谍。　〔5〕“一具”两句：人应当通过修养达到明心见性的境界，一觉悟即证得佛地，不需要在臭皮囊上下工夫，而执著于禅坐形式，长时间不躺卧地约束身体坐禅而不

卧。〔6〕契悟：与本心契合而开悟，对本心的觉知和体验。〔7〕戒定慧行相：指戒定慧的具体内容。行相原指行事的相状，及一切心在认识对象时的状态，这里指具体内容。〔8〕相说：从表面上来说，即执著于虚幻不实的现象的讲说，不是具有真理性的讲说，而是一种住相之谈。〔9〕神通：指不可测又无碍的力量。神为"不测"的意思，通为"无碍"的意思。一般讲神通有神足通、天眼通、天耳通、他心通、宿命通、漏尽通六种。〔10〕游戏三昧：佛菩萨游于神通，心无所有，逍遥自由，化人以自娱乐，叫做游戏。三昧是三摩地的意思，为禅定的异称，即将心持续不断地专注于一境。游戏三昧者，犹如无心之游戏，心无牵挂，任运自如，得法自在。即言获得空无所得者，进退自由自在，毫无约束。

【译文】

那个时候，慧能大师居住在曹溪的宝林寺，五祖门下的另一弟子神秀大师居住在荆南的玉泉寺。当时两宗的弘化都很兴盛，人人都称"南能北秀"，所以就有了"南顿北渐"二宗的分别，而一般学者都不了解两宗的宗趣。

慧能大师对大众说："佛法本来都是同一个宗旨，只是弘法者有南北的分别；佛法本来也只有一种，只因众生的根机不同而在明心见性上有快慢之别。什么叫作顿或渐呢？佛法并没有所谓顿渐，而是因为人的根机有利钝，所以才有所谓顿渐。"然而神秀大师的门徒常常讥笑南宗慧能大师："一个字也不认识，能有什么长处呢？"神秀大师听了这话以后就说："他具有无师自悟的佛智，深悟最上乘的佛法，我不如他。况且我的老师五祖亲自把衣法传授给他，难道是凭空传授的？我只恨自己不能远道前去亲近他，在这里枉受国家对我的恩宠。你们不要滞留在这里，可以到曹溪去参访，参究本源决了自性。!"有一天，神秀大师命令门人志诚说：“你天资聪颖而富有才智，可以替我到曹溪去听法。如果有所听闻，要好好记取，回来告诉我。”志诚遵照神秀师傅的嘱咐来到曹溪，跟随大众一起向慧能大师参礼请益，但并未说明自己是从什么地方来。

当时，慧能大师告诉大众说：“现在有一个盗听佛法的人，潜藏在这法会里头。”志诚一听，连忙从大众中出来，向慧能大师顶礼，详细说明自己前来求法的因由。慧能大师说：“你从玉泉寺来，应该算是间谍。”志诚说：“不是。”慧能大师说：“为什么不是呢？”志诚说：“没有说明来意以前可以说是，既然说明了就不是。”慧能大师说：“你的老师怎样开示教导大众呢？”志诚说：“家师经常教导大众要守住本心，观想虚静，要经常静坐而不躺卧。”慧能大师说：“住心一处以观净相，这是禅病非是参禅。长久静坐徒然拘缚自身，对领悟佛理又有什么益处呢？听我说偈：

生来坐不卧，死去卧不坐；

一具臭骨头，何为立功课。”

志诚听后，再向慧能大师顶礼，说：“弟子在神秀大师那里学道九年，始终不得与本心契合而开悟，今天听和尚这一席话，已经契合本心，有所了悟。弟子觉得生死事大，无常迅速，希望和尚慈悲，再给我教诲指示。”慧能大师说：“我听说你的老师是用戒定慧来教示学人，不知你的老师所说的戒定慧是什么样子？你说给我听听看。”志诚说：“神秀大师说：‘一切恶事不做叫作戒，奉行一切的善事叫作慧，自己净化自己的心念叫作定。’他是这样说的，不知和尚是用什么法来教诲学人呢？”慧能大师说：“如果说我有佛法给人，那就是欺骗你。我只是随顺方便以解除众生心中的疑惑与执著，而假托个名称叫做三昧。你的老师所说的戒定慧，是不可思议的，但是我对戒定慧的见解又有所不同。”志诚说：“戒定慧应该只有一种，为什么会有不同呢?”慧能大师说：“你的老师所说的戒定慧是接引大乘人，我的戒定慧是接引最上乘人。理解领悟能力不同，见性就有迟速的差异。你仔细听好，看我所说的和他所说的相同吗？我所说的法，不离自性，如果离开自性本体而说法，就叫做执著外在形象说法，自性就常被迷惑。要知道，一切万法都是从自性而起作用，这才是真正的戒定慧法。听我说偈：

心地无非自性戒，
心地无痴自性慧，
心地无乱自性定，
不增不减自金刚，
身去身来本三昧。”

志诚听完偈颂后，向慧能大师悔过谢恩，并呈上一首偈子：

“五蕴幻身，幻何究竟?
回趣真如，法还不净。”

慧能大师称许肯定。慧能大师又对志诚说：“你的老师说的戒定慧是劝小根智人的修持方法，我说的戒定慧是劝大根智人的修持方法。如果能够悟得自性，就不必建立菩提涅槃，也不必建立解脱知见了。只有真实体悟自性本体无一法可得，才能够于此本体上，彰显万法的一切妙用。如果能够领会这个道理，就叫做佛身，也叫做菩提涅槃、解脱知见。已经见性的人，要立这些佛法名称也可以，不立也可以，去来自由，无所滞碍，当用之时随缘作用，当说之时随缘应答，普现一切化身，而不离自性，这样就可以得到自在神通和游戏三昧，这就叫作见性。”志诚再请问慧能大师说：“‘不立’的意义是什么呢?”慧能大师说：“自性本来无是非、无痴迷、无散乱，如果念念都能用智慧光明来观照自心本性，常离一切法的形相执著，就能自由自在，纵横一切时空，都能悠然自得，还有什么需要建立的呢？自性要靠自己觉悟，顿时开悟，顿时修证，并没有一个渐进的次序，所以不必建立一切法。一切诸法本来常自寂灭，还要建立什么次第呢?”

志诚听后，顶礼拜谢，发愿侍奉慧能大师左右，从早到晚不曾懈怠。

僧志彻，江西人，本姓张，名行昌，少任侠。

自南北分化，二宗主虽亡彼我，而徒侣竞起爱憎。时，北宗门人，自立秀师为第六祖，而忌祖师传衣为天下闻，乃嘱行昌来刺师。师心通，预知其事，即置金十两于座间。

时，夜暮，行昌入祖室，将欲加害。师舒颈就之，行昌挥刃者三，悉无所损。师曰：“正剑不邪，邪剑不正，只负汝金，不负汝命。”行昌惊仆，久而方苏，求哀悔过，即愿出家。师遂与金，言：“汝且去，恐徒众翻害于汝，汝可他日易形而来，吾当摄受[1]。”行昌禀旨宵遁，后投僧出家，具戒[2]精进。

一日，忆师之言，远来礼觐。师曰：“吾久念汝，汝来何晚?”曰：“昨蒙和尚舍罪，今虽出家苦行，终难报德，其惟传法度生乎？弟子常览《涅槃经》，未晓常无常[3]义，乞和尚慈悲，略为解说。”师曰：“无常者，即佛性也；有常者，即一切善恶诸法分别心也。”曰：“和尚所说，大违经文。”师曰：“吾传佛心印，安敢违于佛经？”曰：“经说佛性是常，和尚却言无常；善恶诸法，乃至菩提心，皆是无常，和尚却言是常；此即相违，令学人转加疑惑。”师曰：“《涅槃经》，吾昔听尼无尽藏读诵一遍，便为讲说，无一字一义不合经文，乃至为汝，终无二说。”

曰：“学人识量浅昧，愿和尚委曲开示。”师曰：“汝知否？佛性若常，更说什么善恶诸法，乃至穷劫，无有一人发菩提心者，故吾说无常，正是佛说真常之道也。又一切诸法若无常者，即物物皆有自性，容受生死，而真常性有不遍之处，故吾说常者，正是佛说真无常义。佛比为凡夫外道，执于邪常，诸二乘人于常计无常，共成八倒〔4〕。故于涅槃了义教〔5〕中，破彼偏见，而显说真常、真乐、真我、真净。汝今依言背义，以断灭无常，及确定死常，而错解佛之圆妙最后微言，纵览千遍，有何所益？”

行昌忽然大悟，说偈云：

“因守无常心，佛说有常性；
不知方便者，犹春池拾砾〔6〕。
我今不施功，佛性而现前；
非师相授与，我亦无所得。”

师曰：“汝今彻也，宜名志彻。”彻礼谢而退。

【注释】

〔1〕摄受：指愿意度接受智彻为徒并度化他。又叫做摄取，原指

以慈悲心摄取众生。〔2〕具戒：具足戒的简称，指比丘、比丘尼所应持之戒律，比丘二百五十戒，比丘尼五百戒。因与沙弥、沙弥尼所受十戒相比，戒品具足，故称具足戒。依戒法规定，受持具足戒即正式取得比丘、比丘尼之资格。〔3〕常无常：世间一切事物，生灭迁流，刹那不住，叫做无常；反之则谓之常，即指永恒不变，真实不虚假。在此处的对话中，行昌所讲的是《涅槃经》的经文，而慧能则是依据禅宗教义对《涅槃经》重新解释。〔4〕八倒：指凡夫愚痴而执著的八种颠倒的错误见解。对生死的无常、无乐、无我、无净，执定为常、乐、我、净者，是凡夫的四倒；对涅槃的常、乐、我、净，执定为无常、无乐、无我、无净，是二乘人的四倒。这两种四倒合起来就是八倒。〔5〕了义教：指直接、完全显了述尽佛法道理之教。即指如实诠显理趣之教法，如诸大乘经说生死、涅槃无异者。反之，“不了义教”则指教法之未能如实诠显理趣之方便说。二者合并为二义。〔6〕砾：碎石；瓦砾。

【译文】

僧人志彻，江西人，俗姓张，名行昌，少年时，豪放侠义。

自从南北两宗分化弘教以来，两位宗主虽然不分彼此、没有争执，但是门徒们却竟相生起了憎爱之心。当时，北宗门下的弟子自行推立神秀大师为第六祖，他们恐怕五祖传衣法给慧能大师的事被天下人知道，于是派遣行昌来行刺慧能大师。慧能大师心中通彻明亮，早已预知有此事，就先准备好十两黄金放在座位上。

到了那天夜晚，行昌果然潜入慧能大师的房间，要刺杀慧能大师，慧能大师从容地伸出脖子给他砍，行昌一连砍了三次，都没有伤到慧能大师。慧能大师说：“正义之剑不会有邪恶，邪恶之剑不压正，我只欠你的钱债，没有欠你的命债。”

行昌吓得昏死过去，好久才苏醒过来，向大师忏悔自己的罪过，请求原谅，并表示愿意跟随慧能大师出家。慧能大师就把金子给了行昌，对他说："你暂且离开，恐怕我的弟子们知道后反过来会加害于你。过一段时间后你可以乔装打扮再来，我会收你为徒。"行昌遵照慧能大师的意思，就在当天深夜遁逃而去。后来别投僧团出家，受具足戒，精进修行。

有一天，行昌想起慧能大师的话，就远道前来礼拜慧能大师。慧能大师说："我一直都在惦念着你，你怎么来得这么晚呢?"行昌说："过去承蒙和尚慈悲宽恕我的罪过，现在虽然出家勤修苦行，总觉得难以报答和尚的大恩大德，心想只有弘传佛法，广度众生，才能报此恩德！弟子出家以来，常常阅读《涅槃经》，却不懂常和无常的意义，请和尚慈悲，为我解说。"慧能大师说："无常者，就是佛性；有常者，就是一切善恶诸法的分别心。"行昌说："和尚所讲的，和经文完全相反。"慧能大师说："我所传授的是佛法心印，怎敢违背佛说的经义呢?"行昌说："经中说佛性是常，和尚却说是无常；善恶一切诸法乃至菩提心都是无常，和尚却说是常，这就和经文相违背了，使我对这问题更加疑惑不解。"慧能大师说："《涅槃经》，我过去曾听无尽藏比丘尼诵念过一次，就为她解说经中要义，没有一字一义不与经文相契合，就是现在为你说的，仍然没有不同。"

行昌说："我的见识浅薄愚昧，希望和尚慈悲为我详细开示。"慧能大师说："你要知道佛性如果是常的话，还说什么善恶诸法，乃至直到穷尽无量劫，也没有一个人会发菩提心。所以我说佛性无常，正是佛所说的真常道理。再说，一切诸法如果是无常，那么一切诸法就都有自性去接受生死，而真常的不生不死之性就有所不周遍。所以我说一切善恶诸法都是常，正是佛所说的无常真理。佛陀是因为凡夫外道颠倒执著无常为常，那些二乘人又执说真常为无常，如此凡夫二乘共成八种颠倒见，所以佛陀在涅槃的了义教中破斥了他们的种种偏见，从而明白说出涅槃佛性所具的真常、真乐、真我、真净四德。你现在只依经文的字句言辞而违背了经典的真义，执著有断灭现象的无常，以及固定不变的死常，完全错解了佛陀最后教诲的圆妙深意，这样纵使阅读千遍经文，又有什么益处呢？”

行昌忽然大悟，说出一首偈子：

“因守无常心，佛说有常性；
不知方便者，犹春池拾砾。
我今不施功，佛性而现前；
非师相授与，我亦无所得。”

慧能大师说：“你现在已经究竟彻悟了，应该名叫志彻。”志彻听了，向慧能大师顶礼拜谢而退。

有一童子，名神会[1]，襄阳高氏子。年十三，自玉泉来参礼。

师曰：“知识远来艰辛，还将得本来否？若有本则合识主，试说看。”会曰：“以无住为本，见即是主。”师曰：“这沙弥[2]争合取次语！”会乃问曰：“和尚坐禅，还见不见？”师以柱打三下云：“吾打汝，痛不痛？”对曰：“亦痛，亦不痛。”师曰：“吾亦见，亦不见。”神会问：“如何是亦见，亦不见？”师云：“吾之所见，常见自心过愆，不见他人是非好恶，是以亦见亦不见。汝言亦痛亦不痛，如何？汝若不痛，同其木石；若痛，则同凡夫，即起恚恨。汝向前见不见，是二边；痛不痛，是生灭。汝自性且不见，敢尔弄人?”神会礼拜悔谢。

师又曰：“汝若心迷不见，问善知识觅路。汝若心悟，即自见性，依法修行。汝自迷不见自心，却来问吾见与不见。吾见自知，岂代汝迷?汝若自见，亦不代吾迷，何不自知自见，乃问吾见与不见?”神会再礼百余拜，求谢过愆，服勤给侍，不离左右。

一日，师告众曰：“吾有一物，无头无尾，无名无字，无背无面，诸人还识否?”神会出曰：“是诸佛之本源，神会之佛性。”师曰：“向汝道无名无字，汝便唤作本源佛性。汝向去有把茆盖头〔3〕，也只成个知解宗徒〔4〕。”

祖师灭后，会入京洛，大弘曹溪顿教，著《显宗记》〔5〕，盛行于世，是为荷泽禅师。

【注释】

〔1〕神会（668—760）：六祖慧能晚期弟子，荷泽宗的创始者，建立南宗的一个得力人物，也是六祖著名的法脉传人之一。俗姓高，湖北襄阳人。童年从师学五经，继而研究老、庄，都很有造诣。后来读《后汉书》知道有佛教，由此倾心于佛法，遂至本府国昌寺从颢元出家。他理解经论，但不喜讲说。三十岁到三十四岁，他在荆州玉泉寺从神秀学习禅法。唐久视元年（700）神秀因则天武后召他入宫说法，便劝弟子们到广东韶州从慧能学习。神会去曹溪后，在那里住了几年，很受慧能器重。为了增广见闻，他不久又北游参学。先到江西青原山参行思，继至西京受戒。景龙年中神会又回到曹溪，慧能知道他的禅

学已经纯熟，将示寂时即授与印记。开元八年（720）敕配住南阳龙兴寺。这时他的声望已高，南阳太守王弼和诗人王维等都曾来向他问法。于开元二十年（732）设无遮大会于河南滑台大云寺，与山东崇远论战。指斥神秀一门“师承是傍，法门是渐”，欲确立南宗慧能系之正统传承与宗旨。并于天宝四年（745）著《显宗记》，定南北顿渐两门，即以南能为顿宗，北秀为渐教，“南顿北渐”之名由是而起，于是南宗日盛而北宗大衰。上元元年（760）五月十三日，神会寂于洛阳荷泽寺，年九十三岁。建塔于洛阳宝应寺，谥真宗大师。〔2〕沙弥：指佛教僧团中，已受十戒，未受具足戒，年龄在七岁以上、未满二十岁之出家男子。译为息慈，即息恶和行慈的意思；又译作勤策，即为大僧勤加策励的对像。沙弥有三类：七至十三岁，名驱乌沙弥，谓其只能驱除乌鸟。十四至十九岁，名为应法沙弥，谓正合沙弥的地位。二十至七十岁，名名字沙弥，谓在此年龄内，本来应居比丘位，但以缘未及，故尚为沙弥的名字。〔3〕向去有把茆盖头：向去即从偏位向于正位，而从正位向于偏位叫做却来。茆，即茅草，把茆盖头就是取茅草盖草庵以作栖身处。〔4〕知解宗徒：指空谈理论的僧人，或指以学习和理解经典文字来修行的僧人。〔5〕《显宗记》：全称《荷泽大师显宗记》，全一卷，唐代荷泽神会著，收于《景德传灯录》卷三十。内容叙述禅宗之宗要，并论述传衣在禅宗传承中的重要性，全篇只有六百六十字，言简意赅。据传本书是作者在天宝四年（745），于滑台为北宗禅者攻击时所著。内容大体为以《金刚般若经》之“般若空智，应无所住而生其心”为立足点，并承继僧肇之《般若无知论》、《涅槃无名论》，以及慧能《法宝坛经》中《定慧第四》之思想。

【译文】

有一位小沙弥，名叫神会，是襄阳高姓人家的子弟。十三岁时，从荆南的玉泉寺来参礼慧能大师。

慧能大师说：“善知识，远来一定很辛苦，还认识本来面目吗？若见着本来面目，应当识得自心本性。你不妨试着说说看。”神会说：“我以无所住心为根本，见就是自心本性。”慧能大师说：“你这个小和尚讲话怎么可以这样轻率呢？”神会于是问道：“和尚坐禅时，是见还是不见呢？”慧能大师用拄杖打了他三下，说：“我打你时，是痛还是不痛呢？”神会回答说：“也痛也不痛。”慧能大师说：“我也见也不见。”神会问：“怎样是也见也不见呢？”慧能大师说：“我所见的，是常见自己内心里的过失，但是不见别人的是非好坏，所以说是见也不见。你说痛也不痛又是怎样的呢？你如果不痛，就和木石一样；如果痛，就和凡夫一般，会生起瞋恨心。你前面问的见不见是二边见，痛不痛是生灭，你连自己的自性都还没有见到，居然还敢来捉弄人？”神会听了这一番话后，就向慧能大师顶礼，忏悔谢罪。

慧能大师又说：“你如果心中迷昧不能见性的话，就应当向善知识问取见性之路；如果心有所悟，就是自见本性，可以就此依法修行。你既自己愚迷不见自己的心性，却反来问我见与不见。我见性，我自己知道，岂能代替得了你心中的愚迷？你如果自见本性，也不能代替我心中的愚迷。为什么不去自知自见，却来问我见与不见呢？”神会听了，再向慧能大师顶礼一百多拜，请求大师恕罪，从此服侍慧能大师，不离左右。

有一天，慧能大师对大众说：“我有一样东西，没有头也没有尾，没有名也没有字，没有后也没有前，大家还认得么？”神会挺身而出说：“这是诸佛的本源，也是我神会的佛性。”慧能大师说：“已经跟你说没有名没有字了，你还叫它作本源佛性，你以后就是住在茅草庵勤苦修行，也只是个在名相上求知求解的宗徒。”

慧能大师示寂后，神会前往京城、洛阳弘扬曹溪的顿教法门，著有《显宗记》，盛行于世，这就是荷泽禅师。

师见诸宗难问[1]，咸起恶心，多集座下，愍[2]而谓曰："学道之人，一切善念恶念，应当尽除。无名可名，名于自性；无二之性，是名实性。于实性上，建立一切教门，言下便须自见。"

诸人闻说，总皆作礼，请事为师。

【注释】

〔1〕难问：互相为难指责。　〔2〕愍：怜悯。

【译文】

慧能大师眼看各个宗派的人互相为难指责，都心存不善，于是就把他们集合到座下，怜悯地对他们说道："修佛的人，一切善念、恶念都应全部除去。当善恶都不思量，本体现前的时候，这种境界是没有名称可以称呼的，假名为自性。这无二的自性，就叫作真如实性。在真如实性上建立一切教门，言下就应该见到自己的本性。"

大家听完慧能大师的一番开示后，都虔诚行礼，请求慧能大师教化指导他们。

护法品第九

【题解】

本品记述武则天与中宗皇帝有诏迎请及奖谕慧能大师的经过，展示了当时朝廷拥护佛法及尊重慧能的情形，因此以“护法”为品题。在这品中，慧能指出，道由心悟，不在于外在的形式，世人应该立足当下，肯定人生，在世间求解脱，在生死中证涅槃。

神龙元年上元日[1]，则天中宗[2]诏云：“朕请安秀二师[3]，宫中供养。万机之暇，每究一乘[4]。二师推让云：‘南方有能禅师，密授忍大师衣法，传佛心印[5]，可请彼问。’今遣内侍薛简，驰诏迎请，愿师慈念，速赴上京。”师上表辞疾，愿终林麓。

【注释】

〔1〕神龙元年上元日：神龙为唐中宗年号，正月十五日为上元，即公元705年农历正月十五日。　〔2〕则天中宗：指太后武则天和唐中宗李显。　〔3〕安秀二师：两位都是五祖弘忍大师的弟子。“安”指慧安国师，曾受到武则天和唐中宗的重视。因常住嵩山，故又称为嵩山慧安。《景德传灯录》卷四有传。“秀”指北宗神秀大师。〔4〕一乘：即指佛乘，又作一佛乘、一乘教、一乘究竟教、一乘法、一道等。乘为“交通工具”之意，此处指成佛之教法。佛教空义是宇

宙人生的根本真理，以其能教化众生悉皆成佛，故称为一乘。

〔5〕佛心印：又作心印。禅宗认为，依语言文字无法表现的佛陀自内证，称为佛心。其所证悟的真理，如世间的印形决定不变，故称心印。

【译文】

唐中宗神龙元年正月十五日，武则天太后和中宗皇帝下诏书说："朕曾迎请慧安和神秀两位大师，到宫中来供养。在治理纷繁的政务余暇，向他们请教参究一佛乘的教理。但是两位大师都很谦逊地推让说：'南方有慧能禅师，已经密受了五祖弘忍大师的衣法，是传佛心印的人，可以迎请他来参问。'现在派遣宫中内侍官薛简，带着诏书速往迎请。望大师慈悲顾念尽快赶赴京城来。"慧能大师接到诏书之后，上表称病谢辞，表示愿意在山林终其一生。

薛简曰："京城禅德皆云：'欲得会道，必须坐禅习定；若不因禅定而得解脱者，未之有也。'未审师所说法如何？"师曰："道由心悟，岂在坐也？经云：'若言如来若坐若卧，是行邪道。'何故？无所从来，亦无所去，无生无灭，是如来清净禅〔1〕，诸法空寂，是如来清净坐，究竟无证，岂况坐耶？"

简曰："弟子回京，主上必问，愿师慈悲指示心要，传奏两宫，及京城学道者。譬如一灯，然百千灯，冥者皆明，明明无尽。"师云："道无明暗，明暗是代谢之义。明明无尽，亦是有尽，相待立名。故《净名经》云：'法无有比，无相待故。'"简曰："明喻智慧，暗喻烦恼，修道之人，倘不以智慧照破烦恼，无始生死，凭何出离？"师曰："烦恼即是菩提，无二无别。若以智慧照破烦恼者，此是二乘见解，羊鹿等机[2]；上智大根，悉不如是。”简曰：“如何是大乘见解？”师曰：“明与无明[3]，凡夫见二；智者了达，其性无二。无二之性，即是实性。实性者，处凡愚而不减，在贤圣而不增；住烦恼而不乱，居禅定而不寂。不断不常，不来不去，不在中间及其内外，不生不灭，性相如如，常住不迁，名之曰道。”

简曰：“师曰不生不灭，何异外道？”师曰：“外道所说不生不灭者，将灭止生，以生显灭，灭犹不灭，生说不生。我说不生不灭者，本自无生，今亦不灭，所以不同外道。汝若欲知心要，但一切善恶，都莫思量，自然得入清净心体，湛然常寂，妙用恒沙。”简蒙指教，豁然大悟。礼辞归阙，表奏师语。

【注释】

〔1〕如来清净禅：经教里的禅法，因它是如来所说，后人因名之为如来禅。《楞伽经》所说四种禅之一。由如来直传之禅或如来所得之禅定，即入于如来地，证得圣智三种乐，为利益众生而示现不思议之广大妙用者。另也是五种禅（五味禅）之一。宗密将禅分为五种，其中“最上乘禅”称为如来清净禅（略称如来禅）又称一行三昧、真如三昧。此禅之旨趣，系顿悟自心本来清净无有烦恼，具足无漏之智性，且此种清净心与佛无异，此心即佛。　〔2〕二乘见解，羊鹿等机：二乘即指声闻乘与缘觉乘。羊鹿指羊车和鹿车。这里指二乘发心度化的众生较少。　〔3〕明与无明：明，是光明之义，代表大智慧、学识。反之，“无明”就是黑暗，代表愚痴。无明是烦恼之别称，即不如实知

见，暗昧事物之意。

【译文】

薛简说：“京城里的禅师们都说：‘想要体会菩提大道，必须要坐禅，修习禅定功夫；如果不通过坐禅习定而能得到解脱，那是不可能的事。’不知道大师的看法如何？”慧能大师说：“道是用自心去悟，怎么是在坐呢？经上说：‘如果有人想从坐卧相见到如来，这就是行邪道。’为什么呢？来无所来，去无所去，本来无生无灭，这是如来清净禅；诸法体性本自空寂，这是如来清净坐。究竟的真理本来无有一法可证，哪里还有什么坐或不坐呢？”

薛简说：“弟子回京城以后，皇上必定要问我，希望大师慈悲，指示佛法心要，让我能奏闻皇太后与皇上两宫，并且告诉京城中所有学道的人。这就好比点亮了一盏灯，辗转点燃百千盏灯，使幽暗的地方全被照亮，如此相继无有穷尽。”慧能大师说：“道超越明、暗的分别，明、暗是新旧更替的意义，说光明永无穷尽，也是有尽，因为明暗是互相对待所建立的名称。《维摩经》说：‘佛法是无可比拟的，因为没有对待的原故。’”薛简说：“明比喻智慧，暗比喻烦恼。修学佛道的人如果不用智慧之光明去照破无明烦恼，如何能出离无始无终的生死苦海呢？”慧能大师说：“烦恼就是菩提，并不是两个东西，也没有什么区别。如果说要用智慧之光来照破无明烦恼，这是声闻、缘觉二乘人的见解，也就是以羊车、鹿车譬喻的根机；有上智大乘根性的人都不会作这样的见解。”薛简问：“如何才是大乘的见解呢？”慧能大师说：“明和无明，在凡夫看来是不同的两种东西，有智慧的人了达它的本性没有两样。这无差别的本性，就是真如实性。所谓实性，在凡愚身上并不曾减少，在圣贤身上也不会增加，住于烦恼之中不会散乱，处于禅定之中也不滞空寂，不是断灭，也不是恒常，没有来也没有去，不在中间也不在内外，不生不灭，性相一如，永不改变，称之为道。”

薛简又问：“大师所说的不生不灭，和外道所说的有什么不同呢？”慧能大师说：“外道所说的不生不灭，是以灭来终止生，以生来显现灭，如此灭还是不灭，生也只是说不生。我所说的不生不灭，本来就是无生，现在也无所谓灭，所以和外道不同。如果你想要知道禅门要旨，只须对一切善恶诸法都不去思量，自然就能悟入清净心体，澄明常寂，妙用无穷。”

薛简得到指示教诲，豁然大悟。于是礼谢辞别大师，回到京师，将慧能大师的话表奏皇帝。

其年九月三日，有诏奖谕师曰：“师辞老疾，为朕修道，国之福田。师若净名，托疾毗耶〔1〕，阐扬大乘，传诸佛心，谈不二法。薛简传师指授如来知见，朕积善余庆，宿种善根，值师出世，顿悟上乘。感荷师恩，顶戴无已。”并奉磨纳袈裟〔2〕及水晶钵，敕韶州刺史修寺宇，赐师旧居为国恩寺。

【注释】

〔1〕毗耶：指古印度毗耶离城，是维摩居士的居处。　〔2〕磨衲袈裟：袈裟的一种。相传是高丽所产，以极精致之织物制成。磨，即指紫磨，属于绫罗类。

【译文】

同年的九月三日，朝廷下诏书褒奖赞誉慧能大师说："大师以年老多病辞去召请，愿意终身在山林中为朕而修道，真是国家社稷的大福田啊！大师犹如维摩诘居士，推脱有病居住在毗离耶城中，从而阐扬大乘妙理，传授诸佛心印，讲说不二法门。薛简已经回宫上表奏明了大师所指导传授的如来知见，这是朕往昔积累的善行使我有了今天的福报，往世种下的善根，所以才能幸逢大师出世教化，令我顿悟心法的上乘妙理，承蒙大师的佛法恩泽，当顶戴十分感激，致礼不已。"同时并奉送磨衲袈裟及水晶钵，敕令韶州刺史重修整饰寺院，赐名慧能大师的新州故居为国恩寺。

付嘱品第十

【题解】

本品主要记述慧能大师临终之时，对门下几位高徒的最后嘱咐，同时记述慧能大师迁化前后的经过情形。在这品中，慧能大师总结和概述了自己的禅法，提出“外于相离相，内于空离空”，以三科法门破除我执，在生活中行中道，做到一相三昧、一行三昧。并再次强调了明心见性、自性真佛的宗旨。

师一日唤门人法海、志诚、法达、神会、智常、智通、志彻、志道、法珍、法如等，口：“汝等不同余人，吾灭度[1]后，各为一方师。吾今教汝说法，不失本宗。先须举三科[2]法门，动用三十六对，出没即离两边，说一切法莫离自性。忽有人问汝法，出语尽双，皆取对法，来去相因，究竟二法[3]尽除，更无去处。

“三科法门者，阴界入也。阴是五阴，色、受、想、行、识是也。入是十二入，外六尘，色、声、香、味、触、法；内六门，眼、耳、鼻、舌、身、意是也。界是十八界，六尘、六门、六识是也。自性能含万法，名含藏识。若起思量，即是转识[4]。生六识，出六门，见六尘，如是一十八界，皆从自性起用。自性若邪，起十八邪；自性若正，起十八正。若恶用即众生用，善用即佛用。用由何等，由自性有。”

【注释】

〔1〕灭度：指通过长期修行而灭障度苦，证得菩提果位，也就是永灭因果，开觉证果。即涅槃、圆寂、迁化之意。〔2〕三科：指五蕴、十二处和十八界，或译五阴、十二入、十八界。从这三方面观察人及世界，依凡夫迷悟之不同情况，破除我执和法执，从而认识“无我”之空理。〔3〕二法：世间一切事物分为二种。或分为色、心，或分为染、净，有为、无为，有漏、无漏等。与“二相”意思相同。〔4〕转识：佛教唯识家认为在八识之中，除第八识外，其余的眼、耳、鼻、舌、身、意、末那等七识都称为转识，因为这七识在面对外界事物时起各种思量分别。此七识总称为七转识、前七转等。前七转以阿赖耶识为所依，缘色、声等境而转起，能改转苦、乐、舍等三受，转变善、恶、无记等三性，故称为“七转识”。转，意即转变、改转。

【译文】

有一天，大师把他的门下弟子法海、志诚、法达、神会、智常、智通、志彻、志道、法珍、法如等人叫来，对他们说：“你们和其他徒众不同，我去世以后，你们都是住持一方弘法教化的宗师。我现在教你们如何说法，才能不失本宗顿教法门的宗旨。说法时，应先举述三科法门，运用三十六相对法，运用言语说法时要超越二元对立，说一切法，不要背离自性。如果忽然有人向你问法，说话都要双句相对，前后言语有所照应和兼顾，最后两边的对待要全部去除，不执著任何一点。

“三科法门，就是阴、入、界三种。阴是五阴，就是色、受、想、行、识，入是十二入，也就是外面的色、声、香、味、触、法六尘，和自己的眼、耳、鼻、舌、身、意六门。界是十八界，也就是六尘、六门、六识，自性能含容万法，所以叫作含藏识；如果起了分别思量，就是转识。由转识生起六识，出于六根门头，对外接触六尘，就这样，十八界都是从真如自性而发起功用。自性如果邪，就产生十八邪；自性如果正，就产生十八正。如果表现出恶用，就是众生用；如果表现出善用，就是佛用。用自哪里来呢？都是自性中本来就具足的妙用啊。”

“对法外境，无情五对：天与地对，日与月对，明与暗对，阴与阳对，水与火对，此是五对也。法相[1]语言十二对：语与法对，有与无对[2]，有色与无色对，有相与无相对[3]，有漏与无漏对[4]，色与空对[5]，动与静对，清与浊对，凡与圣对，僧与俗对，老与少对，大与小对，此是十二对也。自性起用十九对：长与短对，邪与正对，痴与慧对，愚与智对，乱与定对，慈与毒对，戒与非对，直与曲对，实与虚对，险与平对，烦恼与菩提对，常与无常对，悲与害对，喜与嗔对，舍与悭对，进与退对，生与灭对，法身与色身对，化身与报身对，此是十九对也。”

师言：“此三十六对法若解用，即通贯一切经法，出入即离两边。自性动用，共人言语，外于相离相，内于空离空。若全著相，即长邪见；若全执空，即长无明。执空之人有谤经，直言不用文字。既云不用文字，人亦不合语言，只此语言，便是文字之相。又云直道不立文字，即此不立两字，亦是文字。见人所说，便即谤他言著文字。汝等须知，自迷犹可，又谤佛经。不要谤经，罪障无数。

“若著相于外，而作法求真，或广立道场，说有无之过患，如是之人，累劫不可见性。但听依法修行，又莫百物不思，而于道性窒碍。若听说不修，令人反生邪念，但依法修行，无住相法施。汝等若悟，依此说，依此用，依此行，依此作，即不失本宗。若有人问汝义，问有将无对，问无将有对；问凡以圣对，问圣以凡对。二道〔6〕相因，生中道〔7〕义。汝一问一对，余问一依此作，即不失理也。设有人问：‘何名为暗？’答云：‘明是因，暗是缘，明没则暗，以明显暗，以暗显明，来去相因，成中道义。’余问悉皆如此，汝等于后传法，依此转相教授，勿失宗旨。”

【注释】

〔1〕法相：指万事万物所具有的本质相状（体相）或指其意义内容（义相）。概括一切有生灭变化的现象，也包括永恒的无生无灭变化的现象。　〔2〕有与无对：佛教认为所谓有或无都是相对存在的，二边（即“偏有”或“偏无”之一方）皆为谬误；唯有超越有与无之相对性，始属绝对之真如。有，即存在的意思，用于显示诸法的存在。如三世实有；因缘和合而生即假有；圆成实性其体遍常而无生灭，所以说是妙有。无，即与“有”相对，意谓非存在。　〔3〕有相与无相对：“有相”和“无相”是相对存在的。有相，系指差别有形之事相，又指具有生灭迁流之相者；无相则指一切诸法无自性，本性为空，无形相可得。　〔4〕有漏与无漏对：有漏与无漏是相对存在的。“漏”是流失、漏泄之意；为烦恼之异名。人类由于烦恼所产生的过失、苦果，使人在迷妄的世界中流转不停，难以脱离生死苦海，故称为有漏；如果达到断灭烦恼之涅槃境界，则称为无漏。　〔5〕色与空对：色为

物质存在之总称。空意译空无、空虚、空寂、空净、非有，指一切存在之物中，皆无自体、实体、我等。〔6〕二道：指相对的两个方面，如“有”与“无”，“凡”与“圣”。〔7〕中道：即离开二边之极端，超越一切二元对立和执著，为一种不偏于任何一方之中正之道。又作中路，或单称中。中道是佛教的根本教义。

【译文】

“相互对待的诸法，在外境、无情世界中有五对：天和地相对，日和月相对，明和暗相对，阴和阳相对，水和火相对，这些就是五对相对法。事物的本性、相状和语言方面有十二对法：语和法相对，有和无相对，有色和无色相对，有相和无相相对，有漏和无漏相对，色和空相对，动和静相对，清和浊相对，凡和圣相对，僧和俗相对，老和少相对，大和小相对，这些就是法相和语言的十二对相对法。在自性生起作用方面有十九对法：长和短相对，邪和正相对，痴和慧相对，愚和智相对，乱和定相对，慈悲和狠毒相对，持守净戒和为非作歹相对，直和曲相对，实和虚相对，险和平相对，烦恼和菩提相对，常和无常相对，悲和害相对，喜和瞋相对，舍和悭相对，进和退相对，生和灭相对，法身和色身相对，化身和报身相对，这些就是十九对相对法。”

慧能大师说：“三十六对法如果懂得如何运用，就能使道贯通于一切佛法与经典，出入即远离相对的两边而直趋中道。真如自性随缘起用，和人言谈时，对外要能运用一切相状而不执著一切相状，对内在心念要能悟空而不执著空。如果完全执著于外在的形相和状态，就会助长邪知邪见；如果完全执著虚空，就会增长虚妄无明。执著空见的人往往有诽谤经典的行为举止，肯定地说‘不用文字’。既然说不用文字，那么人也不应该有语言，因为这语言本身就是文字的相。又说‘直指之道不立文字’，就是这‘不立’两个字，也是文字。又见到别人在说法，就诽谤别人所说执著文字。你们应该知道！自己执迷就罢了，又诽谤佛经。千万不可诽谤经法，否则所造成的罪过与业障是无量无边的啊！

“执著外在境相为实在，就会造作种种方法来寻求佛道；或者到处建立道场，而宣讲有无的过患，像这样的人，即使历经多劫也不可能明心见性。只许依照正法修行，切忌不要百物不思而沉空守寂，否则会在菩提修持道路上造成滞碍。如果只是听人说法而不实地修行，反而会使人生起邪念。因此要依照正法修行，说法不要执著外相。你们如果能够悟解，并且依照这样去说、去用、去行、去作，就不会失却本宗的宗旨了。如果有人问你法义，问有就用无来答，问无就用有来答；问凡就用圣来答，问圣，就用凡来答。就这样，二边对待的因缘法相互转化而离却二边，就显出了中道义理。像这样一问一答，其余的问题也完全依照这样作答，就不会失却中道教义了。假如有人问：‘什么叫做暗？’就回答他说：‘明就是因，暗就是缘，光明消失了就黑暗。用光明来显示黑暗，用黑暗来显示光明，明来暗去相互为因，就能显发出本无明暗的中道实意来。其余的一切问答都这样来阐发。’你们今后传法，要依照这种方法转相教导传授，不要失却本门宗旨！”

师于大极元年壬子，延和七月[1]，命门人往新州国恩寺建塔，仍令促工，次年夏末落成。七月一日，集徒众曰：“吾至八月，欲离世间，汝等有疑，早须相问，为汝破疑，令汝迷尽。吾若去后，无人教汝。”法海等闻，悉皆涕泣，惟有神会，神情不动，亦无涕泣。

师云：“神会小师[2]，却得善不善等，毁誉不动，哀乐不生，余者不得，数年山中，竟修何道？汝今悲泣，为忧阿谁？若忧吾不知去处，吾自知去处，吾若不知去处，终不预报于汝。汝等悲泣，盖为不知吾去处。若知吾去处，即不合悲泣。法性本无生灭去来，汝等尽坐，吾与汝说一偈，名曰《真假动静偈》。汝等诵取此偈，与吾意同，依此修行，不失宗旨。”

众僧作礼，请师作偈。偈曰：

“一切无有真，不以见于真；
若见于真者，是见尽非真。
若能自有真，离假即心真；
自心不离假，无真何处真？
有情即解动，无情即不动；
若修不动行，同无情不动。
若觅真不动，动上有不动；
不动是不动，无情无佛种。
能善分别相，第一义不动；
但作如此见，即是真如用。
报诸学道人，努力须用意；
莫于大乘门，却执生死智。
若言下相应，即共论佛义；
若实不相应，合掌令欢喜。

此宗本无诤，诤即失道意；

执逆诤法门，自性入生死。”

时，徒众闻说偈已，普皆作礼，并体师意，各各摄心，依法修行，更不敢诤，乃知大师不久住世。法海上座再拜问曰：“和尚入灭之后，衣法当付何人?”师曰：“吾于大梵寺说法，以至于今，抄录流行，目曰《法宝坛经》，汝等守护，递相传授，度诸群生。但依此说，是名正法。今为汝等说法，不付其衣，盖为汝等信根淳熟，决定无疑，堪任大事。然据先祖达摩大师付授偈意，衣不合传。偈曰：

吾本来兹土，传法救迷情[3]；

一华开五叶[4]，结果自然成。”

师复曰：“诸善知识！汝等各各净心，听吾说法。若欲成就种智[5]，须达一相三昧，一行三昧[6]。若于一切处而不住相，于彼相中不生憎爱，亦无取舍，不念利益成坏等事，安闲恬静，虚融澹泊，此名一相三昧。若于一切处，行住坐卧，纯一直心，不动道场，真成净土，此名一行三昧。若人具二三昧，如地有种，含藏长养，成熟其实，一相一行，亦复如是。我今说法，犹如时雨，普润大地；汝等佛性，譬诸种子，遇兹沾洽，悉皆发生。承吾旨者，决获菩提；依吾行者，定证妙果。听吾偈曰：

心地含诸种，普雨悉皆萌，

顿悟华情已，菩提果自成。”

师说偈已，曰：“其法无二，其心亦然，其道清净，亦无诸相。汝等慎勿观静，及空其心。此心本净，无可取舍，各自努力，随缘好去。”

尔时，徒众作礼而退。

【注释】

〔1〕“师于”二句：公元712年。这一年唐睿宗改元太极元年，五月又改元延和元年，唐玄宗即位后，又于当年八月改元先天元年。〔2〕小师：系指受具足戒未满十年之僧人，若满十年则称住位；也用来指弟子。〔3〕迷情：指愚痴迷惑的有情众生。〔4〕一华开五叶：有两种说法。一种是指唐末五代时期，六祖慧能门下弟子青原行思一系之下形成了曹洞宗、云门宗和法眼宗；慧能弟子南岳怀让一系之下形成沩仰宗和临济宗，这五个宗派被合称为禅宗五家，“五叶”即指这五个宗派。另一说五叶表示五代，指菩提达摩以下的慧可、僧璨、道信、弘忍和慧能五位禅宗祖师。〔5〕种智：为一切种智之略称。即佛了知万事万物之理的智慧。唯佛有一切种智，声闻、缘觉等仅有总一切智。〔6〕一相三昧，一行三昧：都是禅定之名。一相三昧指主观上对一切事物现象没有偏执，超越对立，不生憎恨或爱意，也没有取舍之心，不念利益成坏等事，而能够安闲恬静，虚融澹泊。一行三昧，与一相三昧的意义并无大区别，只是前者是从不执著于“相”上讲，后者强调身心行为，尤其是指不执著于禅修时的身体姿势。一相指平等无差别之真如相。三昧即将心定于一处（或一境）的一种安定状态。

【译文】

慧能大师在唐睿宗太极元年，也就是后来改元为延和元年的七月，命门下弟子到新州的国恩寺建塔，又派人催促早日完工。到了第二年夏末，塔终于落成。七月一日，慧能大师召集弟子门人，对他们说：“我到八月就要离开这个世间了，你们如果有什么疑问，须趁早询问，我当为你们解答，消除你们心中的疑惑。一旦我去世以后，就没有人指导你们了。”法海等人听了这话，都伤心地流泪悲泣，只有神会神情如往常一样，毫无所动，也没有流泪哭泣。

大师说：“神会小师傅能够对善与不善一体看待，既能闻毁誉而心不动，也能临哀乐而心不生。其他的人都做不到这一点，你们这几年在山中都修的什么道？你们现在悲伤涕泣，是为谁担忧呢？如果是忧虑不知道我的去处，我自己是知道要去那里的；如果我不知道自己的去处，也就不会预先告诉你们了。你们悲伤涕泣，是因为不知道我的去处；如果知道我要去那里，就不应该悲伤涕泣了。其实诸法的体性本来就没有生灭去来。你们都坐下来，我为你们说一首偈，叫作《真假动静偈》。你们念诵此偈，就能与我的心意相同；依照此偈去修行，就不会失却宗门的宗旨。”

所有的徒众都一齐向慧能大师作礼，请大师说偈。慧能大师说偈：

“一切无有真，不以见于真；
若见于真者，是见尽非真。
若能自有真，离假即心真；
自心不离假，无真何处真？
有情即解动，无情即不动；
若修不动行，同无情不动。
若觅真不动，动上有不动；
不动是不动，无情无佛种。
能善分别相，第一义不动；
但作如此见，即是真如用。
报诸学道人，努力须用意；

莫于大乘门，却执生死智。

若言下相应，即共论佛义；

若实不相应，合掌令欢喜。

此宗本无诤，诤即失道意；

执逆诤法门，自性入生死。”

当时徒众听完偈语，一起向慧能大师行礼，并且都已体会大师的心意，人人收摄散乱的心，依照正法修行，再也不敢在名相、法相上起争执。大家知道慧能大师住世的时间不长了，法海上座于是再礼拜大师，问道：“和尚灭度以后，衣法将要传给什么人呢？”大师说：“自从我在大梵寺说法，直到今天所说，记录流通，名为《法宝坛经》。你们要好好守护此经，转相传授，度化一切众生。只要能依照此经说法，就叫作正法。我现在只为你们说法，不再传付祖衣。因为你们的信根都已纯熟了，以见本心而无疑惑，足以胜任弘法利生的大事。而且但根据达摩祖师传授的偈意，祖衣不应该再传。达摩祖师的偈语是这样说的：

吾本来兹土，传法救迷情；

一华开五叶，结果自然成。”

慧能大师又说：“各位善知识！你们各自净化自己的心念，听我讲说佛法。如果要成就佛道的一切种智，必须达到一相三昧和一行三昧。如果在一切环境中不执著一切外在境相，对任何境相不生起憎恶和爱欲，也没有取舍，不计较利益得失、成败等事情，安闲恬静，清虚圆融而且淡泊无执，这就叫做一相三昧。在一切地方，行住坐卧，皆是纯一真心境界，纯洁无比，当下就是如如不动的道场和真实的净土，这就叫做一行三昧。如果有人具足这两种三昧，就如同大地中含有种子，经过孕含、蓄藏、生长和培养，就会结出成熟的果实，人的一相三昧和一行三昧也会这样达成。我现在讲说佛法，就像及时的雨，滋润大地，你们自身的佛性就是种子，遇到甘霖滋润就会发芽生长。禀承了我的教义宗旨的人，一定会收获菩提道果，证悟本心自性。按照我的教诲修行的人，一定会修成正果。听我的偈语说：

心地含诸种，普雨悉皆萌，

顿悟华情已，菩提果自成。”

慧能大师说完偈语，又说：“佛法并无二相，本心也是这样。佛道清净，没有什么可以执著。你们切勿偏着‘看静’和偏落‘空心’，自心本来清净，原本无可执取和舍弃。你们要各自努力，随缘珍重！”

当时，徒众都向慧能大师行礼而后退出。

大师，七月八日忽谓门人曰：“吾欲归新州，汝等速理舟楫。”大众哀留甚坚。

师曰：“诸佛出现，犹示涅槃，有来必去，理亦常然。吾此形骸，归必有所。”众曰：“师从此去，早晚可回？”师曰：“叶落归根，来时无口[1]。”又问曰：“正法眼藏，传付何人？”师曰：“有道者得，无心者通。”又问：“后莫有难否？”师曰：“吾灭后五六年，当有一人来取吾首。听吾偈曰：头上养亲，口里须餐；遇满之难，杨柳为官[2]。”又云：“吾去七十年，有二菩萨[3]从东方来，一出家一在家，同时兴化建立吾宗；缔缉伽蓝[4]，昌隆法嗣。”

问曰：“未知从上佛祖应现已来，传授几代？愿垂开示。”师云：“古佛应世，已无数量，不可计也。今以七佛为始，过去庄严劫：毗婆尸佛、尸弃佛、毗舍浮佛；今贤劫：拘留孙佛、拘那含牟尼佛、迦叶佛、释迦文佛，是为七佛。以上七佛，今以释迦文佛首传。第一摩诃迦叶尊者，第二阿难尊者，第三商那和修尊者，第四优波毱多尊者，第五提多迦尊者，第六弥遮迦尊者，第七婆须蜜多尊者，第八佛驮难提尊者，第九伏驮蜜多尊者，第十胁尊者，第十一富那夜奢尊者，第十二马鸣大士，第十三迦毗摩罗尊者，第十四龙树大士，第十五迦那提婆尊者，第十六罗睺罗多尊者，第十七僧伽难提尊者，第十八伽耶舍多尊者，第十九鸠摩罗多尊者，第二十阇耶多尊者，第二十一婆修盘头尊者，第二十二摩拏罗尊者，第二十三鹤勒那尊者，第二十四师子尊者，第二十五婆舍斯多尊者，第二十六不如蜜多尊者，第二十七般若多罗尊者，第二十八菩提达摩尊者，第二十九慧可大师，第三十僧璨大师，第三十一道信大师，第三十二弘忍大师，慧能是为三十三祖。从上诸祖，各有禀承，汝等向后递代流传，毋令乖误。”

【注释】

〔1〕叶落归根，来时无口：叶落归根，比喻不忘本源；也比喻事物有一定的归宿。无口就是无言说，即没有讲什么话，此即无法可说之意。禅宗强调传心法要，是要靠自证自悟的，佛也是以无言传教。这里是指慧能大师一生都没说过什么法。　〔2〕“头上”四句：这是一个禅宗的故事。六祖慧能大师曾经预言有人会取他的头去供养。果然在开元十年，新罗僧人金大悲想取慧能大师肉身舍利的头回国供奉，

就雇用了一名叫张净满的孝子去偷。张净满为金大悲办此事也是为了糊口和孝敬父母。可是张净满不但无法成功盗取慧能大师的头，反而被官府捉拿归案。当时审问此案的县令名叫杨佩，州刺史名叫柳无忝。这个故事正好符合了这四句谶语。〔3〕二菩萨：即指一出家、一在家的两位菩萨。其实这也是慧能大师圆寂前的预言。（）有两种说法。有人说出家的菩萨是指马祖道一禅师，在家菩萨则指庞蕴居士。也有说出家者为黄檗禅师，而在家者指的是裴休。胡适却认为这个悬记是《曹溪大师别传》的作者伪造的。〔4〕伽蓝：僧伽蓝摩的简称，又作僧伽蓝，意译众园；又称僧园、僧院，意译为园。原指可供建设众僧居住之房舍（毗诃罗）的用地，后转为包括土地及建筑物的寺院总称。

【译文】

慧能大师在七月八日那天，忽然对门下弟子说："我要回新州了，你们赶快去准备船只！"大家苦苦哀求，坚决挽留。

慧能大师说："诸佛随缘应化出世，尚且还要示现涅槃，有来必定有去，这是正常的道理。我这肉身骸骨也应该有所归宿。"大众说："师父去了新州，什么时候可以再回来？"慧能大师说："叶落归根，来时无口。"大家又问："正法眼藏传给了什么人？"慧能大师说："有道的人能够得到，无心的人自会融通。"又问："以后有没有劫难？"慧能大师说："我灭度后约五六年，会有一个人来偷取我的头。听我预记：取头顶戴为养亲，为了口腹代人行，遇到满字的事难，而以姓杨姓刘的官吏来审判并了结这个案子。"又说："我灭后七十年，将有二位菩萨从东方来，一位是出家人，一位是在家人，同时兴盛佛法教化，建立我的宗派，重新修建整顿道场寺院，昌盛绍隆宗门法脉。"门人又问："自从佛祖应现以来，不知一共传授了几代？

希望师傅慈悲开示。”

慧能大师说：“应化世间的古佛，已经无数无量，无法计算了。现在只以七佛为始来说：过去庄严劫时，有毗婆尸佛、尸弃佛、毗舍浮佛；现在贤劫时，有拘留孙佛、拘那含牟尼佛、迦叶佛、释迦文佛。这就是所说的七佛。释迦牟尼佛首传正法眼藏给摩诃迦叶尊者，二传是阿难尊者，三传是商那和修尊者，四传是优婆毱多尊者，五传是提多迦尊者，六传是弥遮迦尊者，七传是婆须蜜多尊者，八传是佛驮难提尊者，九传是伏驮蜜多尊者，十传是胁尊者，十一传是富那夜奢尊者，十二传是马鸣大士，十三传是迦毗摩罗尊者，十四传是龙树大士，十五传是迦那提婆尊者，十六传是罗睺罗多尊者，十七传是僧伽难提尊者，十八传是伽耶舍多尊者，十九传是鸠摩罗多尊者，二十传是阇耶多尊者，二十一传是婆修盘头尊者，二十二传是摩拏罗尊者，二十三传是鹤勒那尊者，二十四传是师子尊者，二十五传是婆舍斯多尊者，二十六传是不如蜜多尊者，二十七传是般若多罗尊者，二十八传是菩提达摩尊者，二十九传是慧可大师，三十传僧璨大师，三十一传是道信大师，三十二传是弘忍大师，一直到我慧能是第三十三代祖。从上面所说的诸位祖师，都各有所禀承。你们以后也要代代相传，不可有误。”

大师先天二年[1]癸丑岁，八月初三日，于国恩寺[2]斋罢，谓诸徒众曰：“汝等各依位坐，吾与汝别。”法海白言：“和尚留何教法，令后代迷人得见佛性？”

师言：“汝等谛听，后代迷人，若识众生，即是佛性；

若不识众生，万劫觅佛难逢。吾今教汝识自心众生，见自心佛性。欲求见佛，但识众生，只为众生迷佛，非是佛迷众生。自性若悟，众生是佛；自性若迷，佛是众生。自性平等，众生是佛；自性邪险，佛是众生。汝等心若险曲，即佛在众生中。一念平直，即是众生成佛。我心自有佛，自佛是真佛，自若无佛心，何处求真佛？汝等自心是佛，更莫狐疑。外无一物而能建立，皆是本心生万种法。故经云：‘心生，种种法生；心灭，种种法灭。’吾今留一偈，与汝等别，名《自性真佛偈》。后代之人，识此偈意，自见本心，自成佛道。偈曰：

真如自性是真佛，邪见三毒是魔王。
邪迷之时魔在舍，正见之时佛在堂。
性中邪见三毒生，即是魔王来住舍。
正见自除三毒心，魔变成佛真无假。
法身报身及化身，三身本来是一身。
若向性中能自见，即是成佛菩提因。
本从化身生净性，净性常在化身中。
性使化身行正道，当来圆满真无穷。
淫性本是净性因，除淫即是净性身，
性中各自离五欲，见性刹那即是真。
今生若遇顿教门，忽悟自性见世尊，
若欲修行觅作佛，不知何处拟求真？
若能心中自见真，有真即是成佛因，
不见自性外觅佛，起心总是大痴人。

顿教法门今已留，救度世人须自修，

报汝当来学道者，不作此见大悠悠。”

师说偈已，告曰：“汝等好住，吾灭度后，莫作世情悲泣雨泪，受人吊问，身著孝服，非吾弟子，亦非正法。但识自本心，见自本性，无动无静，无生无灭，无去无来，无是无非，无住无往。恐汝等心迷，不会吾意，今再嘱汝，令汝见性。吾灭度后，依此修行，如吾在日。若违吾教，纵吾在世，亦无有益。”复说偈曰：

“兀兀不修善[3]，腾腾不造恶[4]，

寂寂断见闻[5]，荡荡心无著[6]。”

师说偈已，端坐至三更，忽谓门人曰：“吾行矣！”奄然迁化[7]。于时异香满室，白虹属地，林木变白，禽兽哀鸣。

十一月，广、韶、新三郡官僚，洎门人缁白，争迎真身[8]，莫决所之。乃焚香祷曰：“香烟指处，师所归焉。”时，香烟直贯曹溪。十一月十三日，迁神龛并所传衣钵而回。次年七月二十五日出龛，弟子方辩以香泥上之。门人忆念取首之记，遂先以铁叶漆布固护师颈[9]入塔。忽于塔内，白光出现，直上冲天，三日始散。韶州奏闻，奉敕立碑，纪师道行。

师，春秋七十有六，年二十四传衣，三十九祝发[10]，说法利生，三十七载。得旨嗣法者四十三人，悟道超凡者莫知其数。达摩所传信衣，中宗赐摩纳宝钵，及方辩塑师真相，并道具等，永镇宝林道场。流传《坛经》，以显宗旨，兴隆三宝，普利群生者。

【注释】

〔1〕先天二年：即开元元年（713），先天是唐玄宗之年号。〔2〕国恩寺：又名龙山寺，唐朝时建于广西肇庆府新兴县南思龙山。〔3〕兀兀不修善：指岿然不动，内心宁静，连善也不刻意追求。兀兀，即高大不动的样子。〔4〕腾腾不造恶：指逍遥自在却不造一点恶。腾腾，自在无所为的样子。〔5〕寂寂断见闻：指宁静寂寥无见无闻。寂寂，安静祥和的样子。〔6〕荡荡心无著：胸中坦荡无念无求，自性清净不动。荡荡，心中平平坦坦而无所往。〔7〕迁化：迁者迁移，化者化灭，通谓人之死。在佛教指僧侣之示寂。或谓有德之人于此土教化众生之缘已尽，而迁移于他方世界度化众生。与涅槃、圆寂、灭度、顺世、归真等同义。〔8〕真身：这里指慧能大师的肉身舍利。〔9〕铁叶漆布固护师颈：慧能的弟子们想到有人会来偷去其头的预言，所以就用铁皮和漆布把慧能肉身颈项牢牢地包裹起来。〔10〕祝发：指出家剪掉头发，义同剃发、薙发。祝，切断之意。

【译文】

慧能大师在唐玄宗先天二年，即开元元年癸丑岁八月初三那天，在新州国恩寺用过斋饭，告诉所有徒众说："你们各依位次坐下，我要和你们道别。"法海说："和尚留下什么教法，好让后代的愚迷之人能够得见佛性呢？"

慧能大师说："你们用心听着，后代的迷人如果能够识得众生的本源自性，就是佛性。如果不能识得众生的本源自性，即使历经万劫，想要觅佛也是难遇难逢。我现在教你们认识自己心中的众生，见自己心中的佛性。想要求得见佛，只在能够认识众生，因为是众生迷失了佛性，不是佛不认得众生。自性如果能够觉悟，众生就是佛；自性如果迷失，佛也就是众生。自性若是平等，众生就是佛；自性若被邪见险诈之念所暗覆，佛也就是众生。你们心里如果阴险不正，就等于佛在众生中；

如果一念平等正直，就等于众生成了佛。我心本自有佛，自心之佛才是真佛。自己如果没有佛心，到何处去寻找真佛呢？你们的本心就是佛，再不要有所怀疑！心外并无一物可以建立，万法都是从我们自心里随缘变现出来的，所以经文里面说：‘心念一生，则种种法随之而生；心念一灭，则种种法随之而灭。’我现在留下一偈与你们告别，这首偈子叫作《自性真佛偈》。后代学人若能体识此偈大意，自然能够识自本心，见自本性，从而自成佛道。这首偈是说：

真如自性是真佛，邪见三毒是魔王。
邪迷之时魔在舍，正见之时佛在堂。
性中邪见三毒生，即是魔王来住舍。
正见自除三毒心，魔变成佛真无假。
法身报身及化身，三身本来是一身。
若向性中能自见，即是成佛菩提因。
本从化身生净性，净性常在化身中。
性使化身行正道，当来圆满真无穷。
淫性本是净性因，除淫即是净性身，
性中各自离五欲，见性刹那即是真。
今生若遇顿教门，忽悟自性见世尊，
若欲修行觅作佛，不知何处拟求真？
若能心中自见真，有真即是成佛因，
不见自性外觅佛，起心总是大痴人。
顿教法门今已留，救度世人须自修，
报汝当来学道者，不作此见大悠悠。”

慧能大师说完此偈，告诉大众说：“你们要好好修持，我灭度以后你们不要做世情凡态悲泣流泪，接受人吊祭慰问，若穿着孝服，就不是我的弟子，也不是正法的行径。你们只要能识自本心、见自本性，就可安住于无动无静、无生无灭、无去无来、无是无非、无住无往的自性之中。我怕你们心中迷惑，难以体会我的本意，就再嘱咐你们一次，好让你们能够自见本性。我灭度后，若能依我所说的去修行，那就跟我在世没有两样。如违背我说的教法，就算我留在世间，也没有什么好处啊!”接着又说了一首偈语：

“兀兀不修善，腾腾不造恶，
寂寂断见闻，荡荡心无著。”

慧能大师说完了偈语，端坐到三更时分，忽然告诉弟子说：“我去了。”刹那间就圆寂了。当时异香充满室内，一道白虹接天贯地，树木也变成了白色，飞禽走兽都发出了令人伤感的哀鸣。

十一月，广州、韶州、韶州三郡的官僚以及门下的出家、在家弟子，都争着要迎请慧能大师的真身去供养，而难以决定到底归向何处。于是就焚香祷告说：“香烟所指向的地方，就是大师的归宿。”当时香烟一直飘向曹溪这个方向。十一月十三日，众人把慧能大师坐化的神龛以及五祖传下的衣钵，都由新州国恩寺迁回曹溪宝林寺供奉。次年七月二十五日，慧能大师的肉身出龛，弟子方辩用香泥涂上慧能大师的真身。这时弟子们忆起慧能大师曾经说过“取头”的预记，于是先用铁片和漆布围护慧能大师的颈部，然后送入塔内供奉。慧能大师真身入塔时，塔内忽然出现一道白光，光芒笔直直冲云霄，三天以后才渐渐消散。韶州刺史把慧能大师的灵异事迹报告给朝廷，皇上就敕令立碑纪念慧能大师的道行。

慧能大师的世寿是七十六岁。二十四岁时受五祖传衣，三十九岁时披剃受戒，说法利生共有三十七年。得其宗旨并继承法嗣的有四十三人，而明心见性超凡脱俗的难以计数。达摩祖师所传以为凭信的祖衣，唐中宗御赐的磨衲宝钵，以及方辩所塑的慧能大师法相，连同大师所用的道具等，永远作为宝林寺的镇寺之宝。此外广布流传《法宝坛经》，以弘扬禅宗顿教法门的宗旨。这些举措的目的都是为了兴隆佛、法、僧三宝，普遍利益一切有情众生。